子どもに伝わるスゴ技大全

カリスマ保育士てぃ先生の

子育てで困ったら、これやってみ！

保育士・育児アドバイザー
てぃ先生

ダイヤモンド社

まんが

カリスマ保育士てぃ先生の子育てで困ったら、これやってみ！

ブルブル
ん!?
てぃーん
保育士で
育児アドバイザーの
てぃ先生です!
誰!?
だ
一瞬で子どもが
動いてくれる伝え方が
あります
知りたいですか?
パアァァァ
はい!

翌朝
おはようございます
じーっ
おー
電車好きなの?
大好き!
よ〜し!!
チョキ
チョキ
できた!!
おうち改札
&
おうち専用交通カード
おうち はつ
○○ いき
カードを
タッチしてね
玄関
わ〜っ!!
紙を切って、ペンでちょちょっと書くだけ!!

ワクワク
ママ〜 はやく 行こう!
カード
キリッ
テキパキ
カードを
ピッ!
タッチしてね
えっ! こんなに すんなり解決!?
まってよ〜
改札たのし〜
保育園行き 電車が まいりま〜す
ダダダ
子どもには 遊び心が 大切なんですよ
いつも 怒って ばっかり でした…
その気持ち すご〜く わかります
るんるん

あっ水たまりだ～
!!!
ギャー
ぬれる!!
バシャー
はーい
こんなときには!
ワー!! その水たまりお魚いない?
ピタッ
えっ!!
どこかな～
じー…っ
じゃあ写真撮って
おうちに帰ってから探そっか
スマホ
うんそうする!

わ〜
すごいです
水たまり遊びも
いい経験に
なるんですけどね
毎回はそうも
言ってられないのが
現実
時には親が
ズルするのも
ありなんですよ
育児に
行き詰まってしまうのは
ママも子どもも
悪くない
子ども特有の
体や心の動きを
知れば変わります
楽しく子育て
したいですよね？
はい!!
ちょっとした
工夫で
育児ライフを
ハッピーに
しましょう！

もう「はやくして」と言わなくてOK! すべてのママパパと子どもたちにハッピーを届けたい

こんにちは! てぃ先生です。今年で12年目の現役保育士です。僕は、今をさかのぼること8年前に、Twitter《ツイッター》を始めました。その当時は、「育児」「親」「子ども」といった話題が注目されるときは、必ずと言っていいほど、「虐待」とか「保育園が足りない」とか「お金がかかる」とか、そんなネガティブなことばかりでした(今もまだそうですが)。

僕はそれを見ていて、「このままだとみんな子どもが嫌いになっちゃうんじゃないかな、子育てしたくなくなっちゃうんじゃないかな……」と勝手に心配になり、**子育てのいいところを伝えたい**という気持ちから、保育中の子どもたちの、かわいくて楽しい日々のエピソードをつぶやくようになったのです。

そんなある日、ふとしたきっかけで「こういうときはこうするといいよ!」って、子育てアドバイスをつぶやいたことがあったんです。保育士なら当たり前に知っているようなことだったんですが、「へえ、知らなかった！」と、子育て中の親御さんたちから大きな反響をいただきました。

そこで、**「ああ、僕たち保育士が当たり前にしていることでも、一般のママパパは知らないことがあるんだな」**と思い、そこからは、子育てのハウツーもつぶやくようになりました。

今ではそのTwitterのフォロワーさんも50万人を超え、講演会で全国を訪ねるようにもなりました。去年始めたYouTube《ユーチューブ》のチャンネル登録者さんもどんどん増えてきて、子育てで困っている人の多さを実感しています。

今、手にしていただいているこの本は、そんな、保育のちょっとしたコツや、僕が保育士として子どもと関わるなかで試して効果が高かったことをつぶやいた、ツイートなどをもとにまとめた、子育ての困りごと解決法大全です。

この本では、あえて「何歳児向け」という表記はしていません。「自分の子どもに効果がありそう！」と思ったものは、どんどん試してみてください！

この本で紹介しているコツやハウツーに共通していることがひとつありま
す。それは**「子どもが自分から動いてくれるようにする」**ということ。
たとえば子どもが絵本の読み聞かせに集中してくれないとき、大人が「絵
本、ちゃんと見なきゃダメでしょ！」って言ったりすることがあると思います。
でも、そう言われた子どもは絵本に集中するでしょうか？　答えはＮＯですよ
ね。そもそも、その絵本がおもしろかったら、言って聞かせなくたって、子ど
もは自分から絵本に集中します。
ほかのことでも同じです。子どもに何かやってほしいことがあったら、**子ど
もが「おもしろい！」と思ってくれるように**、ちょっと工夫すればいいんです。
保護者のお悩み相談に僕がアドバイスしてうまくいった、という事例もあり
ます。たとえば、「朝、おうちからなかなか出ない」というお悩みがあったら、
自動改札機ごっこをしてみたり。ご飯を食べてくれないというときは、動物に
変身できるスマホの写真アプリで撮ってあげて、「うさぎさん、これ食べられ
るかなー？」って言うと、ふだんは嫌いなにんじんを食べてくれたり。

「え〜！　そんなのやるのも考えるのもたいへん！」って思うママパパもいると思います。もちろん、いつもこうしなくちゃいけないわけじゃありません。余裕があるときだけで十分。それに、ちょっとめんどうだなと思っても、こうすることでかえって手間がかからずに、お子さんが動いてくれたりするのです。

子育てってたしかにたいへんなことが多いです。だから、**困ったときにやってみることの引き出しが多ければ多いほどいい**んです。困ったときに、「てぃ先生なんて言ってたかな？」って、「てぃ先生の引き出し」を開けて、そこからどんどん真似してくださったら、僕としてはとってもうれしいです。

僕には、今、夢があります。それは、**「姿の見えない子どもも保育したい！」**ということ。僕が直接会って保育できなくても、ママやパパが、僕のTwitterやYouTubeをヒントに対応してくださったら、それは間接的に**「てぃ先生もこの子の先生！」**って言えるんじゃないかなと思うんです。

この本は、僕のその〝野望〟のひとつ。ぜひ、ときどき、てぃ先生を思い出してもらって、楽しく子育てしていただけたらうれしいです。

子どもに伝わるスゴ技大全
カリスマ保育士てぃ先生の子育てで困ったら、これやってみ！

もくじ

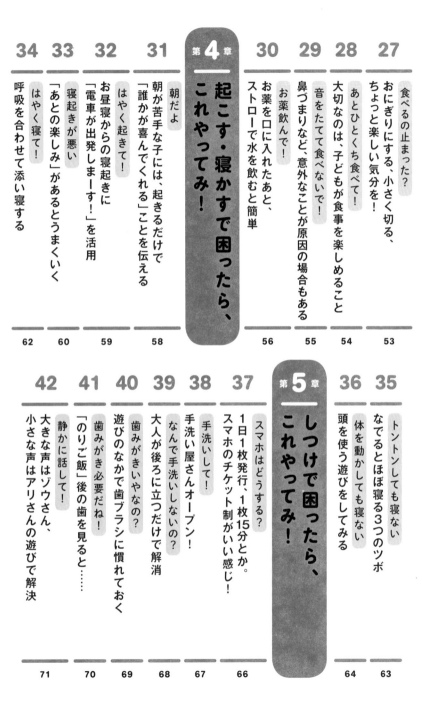

第7章 伝え方で困ったら、これやってみ！

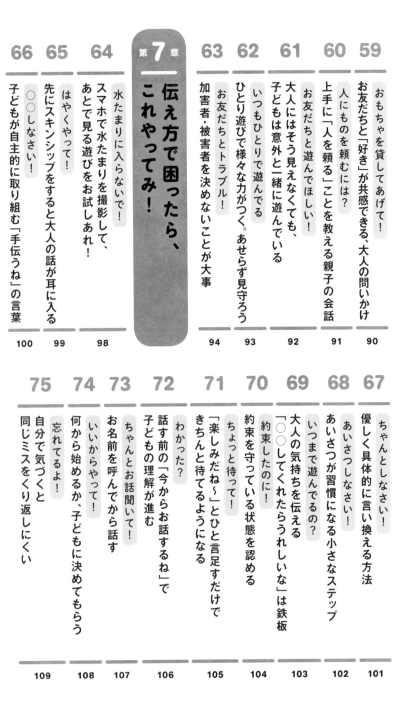

第10章 ママとパパに伝えたいこと

コラム from YouTube

おわりに

第1章

はやく
外に出て！

靴を
そろえて！

おしたくで困ったら、これやってみ！

なんで靴下
はかないの？

なんで靴
はかないの？

なんでお着替え
しないの？

ひとりで
おしたくして！

1

はやく外に出て！

玄関で交通カードをピッ！

電車好きな男の子（3歳）のママから「朝なかなか玄関から出ない」と相談されたとき、「駅の改札の交通カードをタッチする部分を紙に描いて玄関に貼って、カードも一緒に作ったらどうですか？」と言ったら苦笑してたんだけど、翌朝

「先生！ 笑うほどすぐ出てくれました！」

と笑顔の報告。子どもには遊び心を！

すぐできる度 ★★☆

2

なんで靴下はかないの？

コツは足の指を動かすこと。そのトレーニング方法とは？

子どもが上手に靴下をはくには
いろいろコツがあるんだけど、
有効なのにあまり知られていないのは
「足の指を意識して動かせるようになる」こと。
子どもの足の指のいずれかを触りながら
「この指動かせるかな～？」なんて
遊び感覚で教えてあげると最高。
うまくはけないのは
足の指に引っかかっているから。

すぐできる度
★★☆

3

なんで靴をはかないの?

靴をはくのがうまくなる3つのポイント

すぐできる度
★★☆

上手に靴をはけるようになるための3つのポイント。

①かかと部分に輪っか状の持ち手がついている靴。
これ必須!

かかとを入れるのが最難関。
はき口が広く開くタイプだとなお◎。

②すわれる台。

地べたにすわったままはくのは大人でもたいへん。

③大人が超スローモーションで見本を見せること!

4

靴を
そろえて！

靴を置く場所に、シールを貼る

すぐできる度
★★☆

子どもが玄関で靴を脱ぐと
「ちゃんとそろえて！」なんて言うときが
あると思うんだけど、
じつは子どもにとっては
置く場所がわかりづらいことが
大きな原因だったりする。そこで、玄関に
シールなどを目印として貼ると
「ここに置けばいいんだ！」と
視覚で確認できるようになり、
グッと取り組みやすくなる。簡単！ぜひ！

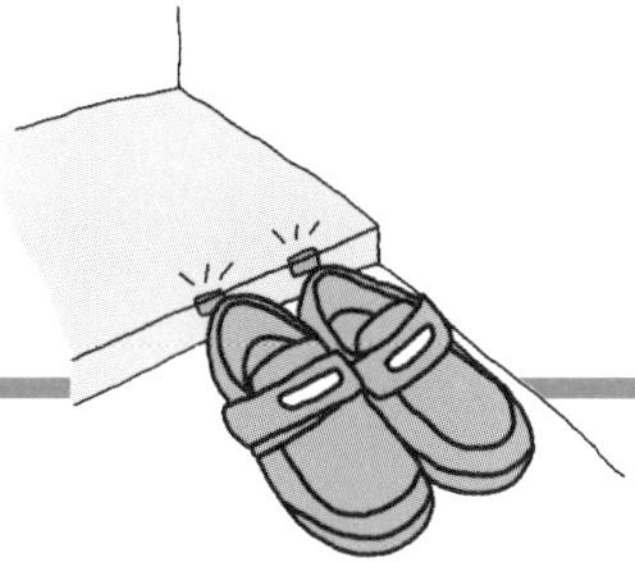

5

なんでお着替えしないの？

大人の立ち位置でお着替えが圧倒的に上達する

着替えを手伝うときにほんの少し工夫するだけで、
ひとりでお着替えするのが
圧倒的に上達しやすくなる。
その工夫とは、

大人が子どもの後ろに回って手伝うこと。

たったこれだけ。
正面からではなく後ろから手伝うことで、
実際の着替えの動きにそってできるようになり、
感覚がつかみやすくなる。ぜひ！

すぐできる度 ★★★

6

お着替えして!

着る服を自分で選ばせてあげる

子どもが「やだ!」と
服を着てくれない場合、
あらかじめ2、3種類の服を出しておき
「どっちにする?」
と選択させてあげると、
「着る」という前提で話を進められるうえに、
「自分で選べる」ということが
なんでも自分でやりたい子どもの
気持ちをくすぐって、満足につながりやすい。

すぐできる度 ★★★

7

頼むから
お着替え
して！

まず、ママの服を選んでもらうと……

すぐできる度
★★★

着替えてくれなくて困る！　というときは、
服を選んでもらうといい。
ここで選ぶのは子どもの服ではなく、大人の服。
たとえば「ママのお洋服どっちがいいかな～？」
と子どもに聞けば、はりきって選ぶ。
そうしたら**「次は〇〇くんのお洋服選ぼうか！」**とつなげる。
ほかで上げたモチベーションを自分に使ってもらう。

大人もお着替え

お着替えしたくな〜い！
うえーん!!
ママの服どっちがいいと思う？
シュバッ
えっ…こっち…
やった〜！今日はスペシャルコーディネートだ！
次はハルくんの服選ぼうか！
着がえた
ノリノリ
うん！
お着がえテンションMAX!!

8

お着替えがうまくできない

100円ショップにもある秘密道具で練習!

すぐできる度
★★☆

子どもが夢中で遊びながら、
お洋服のそでに腕を通したり
靴下をはいたりする練習ができちゃう
便利アイテムが「シュシュ」。
ママにはおなじみ、髪をまとめるときに使うアレですね。
ドーナツ状になった丸い穴に腕や足を通して
そのまま装着する楽しい遊びなんですが、
これがお着替えでも必要になる動きそのもの。
保育園でも大好評!
シュシュのサイズに気をつけて、ぜひお試しを!

シュシュ

9

おしたくが遅い

よく様子を見るとていねいなのかも。時間の余裕をみてあげよう

おしたくにやたらと時間のかかる子どもがいる。
大人からすると「なんでそんなに遅いの？」なんてイライラしてしまいがちなんだけど、よーく様子を見てみてほしい。

靴のマジックテープを形ピッタリに合わせようとがんばっていたり、靴下をきれいにまっすぐはこうとしていたり。

遅いのではなく、ていねいなのかも。

少しはやめにおしたくを始めるようにしてみよう。

すぐできる度 ★★★

10

ひとりでおしたくして！

大人が自分の実況をしつつ声をかけると、子どももつられる

保育園ではよく使う手なんだけど、
僕が何か別のことをしながら
子どもにおしたくをしてほしいとき、
「さぁ！ 先生は今、散歩の準備をしています！
リュックにタオルを入れているところです！
みんなはどうでしょうか！」と
自分の実況をしながら
子どもの確認をすると
おもしろいほどテキパキ進む。ぜひ。

すぐできる度
★★☆

第2章

おもちゃ
片づけて！

お片づけが
遅い

お片づけで困ったら、これやってみ！

おもちゃ
出しすぎ

遊ぶの
やめて！

ご飯になったら
お片づけだよ

片づけてって
言ってるのに

11

おもちゃ片づけて！

片づけたモノの数を言うだけで進む

すぐできる度 ★★★

「子どもがおもちゃを片づけない！」というとき、大人が一緒に片づけるのもいいけど、ひと手間加えると子どもが進んで片づけるようになる。それは

片づけたモノの数を言うだけ。


「ママはひとつ片づけたよー！」

「○○くん、３つも片づけたの？　すてき！」

なんていう具合。

ノリノリになる子が多いのでぜひ！

12

全部
片づけて!

片づけは全部ではなく
ひとつずつがポイント

すぐできる度
★★★

子どものお片づけは
「一度にひとつずつ」と伝えると驚くほど進む。
「全部片づけて」は「片づけの時間」が多くなり、
めんどうくさくてやらなくなるけど、
「電車を箱に入れてごらん」
「よし! 次は絵本」と分けて伝えると
「電車を片づける時間」
「絵本を片づける時間」
と、うまく分散されるので集中力が続く。
ぜひお試しを!

13

お片づけが遅い

責任感が育つ？バケツリレー方式

子どものお片づけが進まないときに
オススメなのがバケツリレー方式。
ただ「一緒に片づけよう」と誘っても
乗り気になりにくいけど、
子どもがおもちゃを運ぶ係、
大人がカゴに入れる係に分かれて
「持ってきてくださーい！」とするだけで
おもしろいほど進む。
途中で係を交代するのもグッド！

すぐできる度
★★☆

バケツリレーでお片づけ

14

おもちゃ出しすぎ

いらないものではなく
いるものを選んで片づける

次から次へと取り出したおもちゃを
片づけるように言うとき、
「いらないの片づけて」
「使ってないの片づけて」と言うよりも、

「気に入ってるやつだけ
とっておこうね」
「今使ってる好きなものだけ
そのままにしておこうね」

と言ったほうが使っていないおもちゃを片づけてくれる。
ポジティブな言葉に。

すぐできる度
★★★

15

遊ぶのやめて!

片づけてほしいときこそ楽しさを認める

すぐできる度 ★★★

お片づけをしてほしいのに
子どもが遊び続けているときは
「遊ぶのやめて片づけて」
「はやくして」「何分までね」ではなく、あえて
「楽しそうだね〜!」
と子どもが夢中で遊んでいる状況を
認めたうえで
「それで、いつまでやる?」
と聞いてあげると、
子どもが自ら譲歩案を出してきて、実行しやすい。

16

遊びに集中してたら?

あとで続きができるという安心感が大事

子どもが遊びに集中しているときは、
極力そのままに。
何かに没頭することは
最後までやり抜く力につながる!
だけど、どうしてもいったん
遊びから離れてほしいときは

「あとで続きやろう!」
「だから、このままとっておこうね」

といった、続きがすぐにできるような提案が◎。

すぐできる度
★★★

17

ご飯になったらお片づけだよ

何をするにも効果的な「予行練習」という考え

子どもにしてほしいことは
一緒に練習しておくといい。
たとえば「ご飯になったらお片づけだよ」というのは、
大人はその場面になったときのことを
イメージできるけど、
じつは子どもには難しい。
なので「ご飯になったときの練習しようか」と、
事前にブロックひとつでも一緒に片づけておくと
見違えるほど変わる。

すぐできる度
★★☆

18

お片づけして!

子どもを主人公にしてストーリーを実況する

すぐできる度 ★★☆

子どもがお片づけをしてくれない!
そんなときは思いきって
"ドラマスタイル"。
「昔々、あるところに
○○くんがいました。
ずっと遊んでいましたが、
そろそろお片づけをしようと思いました。
まずはクレヨン、
そして積み木を取りに行き~」
と楽しげに語ると、けっこう主人公になってくれる!

19

今すぐお片づけして!

♪思いつきの歌にやってほしいことを盛り込む

すぐできる度
★★☆

他にもオススメしたいのは
”ライブスタイル“。
メロディはめちゃくちゃでいいので
「♪○○くんは〜
お片づけをしている〜!
とてもかっこいい〜!
その速さは新幹線よりもすごい〜!」
と歌詞も思いつきで、
やってほしいことを盛り込むだけ。
ハマると「あれやってー!」と
子どもから頼んでくるくらい!ぜひ!

20

片づけてって言ってるのに

「してほしいこと」と「理由」を分けて話す

すぐできる度 ★★☆

大人が考えているほど
子どもの言葉の処理能力は高くない。

「急いでお片づけしないと、（してほしいこと）
電車に乗れなくて遅れちゃうよ！（理由）**」**

なんて言葉だって、
わかりやすいようで、じつはパンク状態。
結局何をすればいいのかわからず、
片づけに進まない。

「してほしいこと」と「理由」を
しっかり分けて話すと、驚くほどはかどる。

第3章

ご飯
食べて!

好き嫌い
しないで

お食事で困ったら、これやってみ!

野菜を
食べて!

あとひとくち
食べて!

音をたてて
食べないで!

お薬飲んで!

21

ご飯
食べて！

スマホを使った食事に集中するウラ技

すぐできる度
★★☆

「子どもが食事に乗り気じゃない」というときに
大活躍なのが自撮りアプリ。
耳が生えたり、きばが生えたり、
動物に変身して
「ウサギさんになってにんじん食べてみよう！」
「お肉が大好きなライオンになってみよう！」
と言葉を添えると
驚くほど効果ありとの報告。
たまにはこういうのもいいんじゃないかな！

22

ご飯だよ～

子どもはチケット制が大好き

すぐできる度
★★☆

子どもに「ご飯だよ～」と言っても乗り気でないとき、
紙の切れ端でもなんでもいいので、
その日のメニューをサッと書いて

「ご飯のチケットです！
これを渡すと
ご飯が出てきます！」

なんて言うと、
びっくりするほど喜んで
椅子にすわってくれる。
困った際はお試しあれ。

23

好き嫌いしないで～

「伝説の〇〇作戦！」でにんじん克服！

すぐできる度 ★★☆

4歳児クラスの担任のとき、
半分ほどの子が「にんじん嫌い」で、
保護者からも克服のご要望が。そこで栄養士さんと
「伝説のにんじんが手に入った！」
と、ハイテンションで土のついた普通のにんじんを
子どもたちと観察。
そのあとの給食中は「これ、伝説のにんじん!?」
「僕のは!?」と大盛り上がりで
全員完食だった。**伝説と観察は強い。**

伝説のにんじん

すごいもの手にいれたんだけど…
ふふふふ
!?
伝説のにんじんです!
ジャーン
えー
伝説!?
ゴクリ
美しい色だねぇ
ほれぼれ～
ゴツゴツしてて強そう
親子でよ～く観察しよう!!
おいしー
ぐっ
よし!!
にんじん嫌い克服!!

24

野菜を食べて！

出す順番を替えるだけで野菜がおいしくなる

レストランの前菜のように
「サラダをはじめに出す」ことで、
子どもが野菜を食べるようになったとよく聞く。
まさに、空腹は最高のスパイス。
「サラダ食べなきゃおかず出さないよ！」ではなく、
あくまでおかずへのつなぎとして自然に。
「サラダでございます！」
とお店ふうに演出するのがポイント。
取り組みやすいと思うので、ぜひお試しを！

すぐできる度
★★☆

25

ひと口だけ食べてみよ！

調理前の状態を知るとポジティブに向き合える

子どもに苦手な食べ物へ挑戦してほしいとき、
つい「ひとくちだけ食べてみよ！」なんて言いがち。
単なる食わず嫌いなら
それでもいいかもしれない。
だけど、たとえばにんじんなら調理前の状態を
見て→触って→においをかいで
と段階を踏む、
たったこれだけでかなり変わる。
大事なのは**ポジティブな興味をもつ**こと。

すぐできる度
★★☆

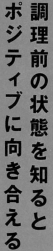

26

食事が進まない！

試食コーナーごっこで気がつけば完食！

すぐできる度
★★☆

子どもの食事が進まなくなったら
やってみてほしいのが試食スタイル。
スーパーでの試食に興味津々な子は多い。
4分の1から6分の1の大きさに
分けてからお皿に並べて

「どうですかー！
あ、食べますか？　おかわりもどうぞ～！」

なんて
試食コーナーの店員さん
っぽく振る舞うと、パクパク進んで気づけば完食です。

27

食べるの止まった？

おにぎりにする、小さく切る、ちょっと楽しい気分を！

すぐできる度
★★☆

子どもの食事が進まないときは、
せかしたり叱るよりも茶碗のお米を
「おにぎりにしようか！」
とにぎってみたり、おかずを
「小さくしてみよう！」
と半分に切ってあげたりすると
いい方向にいきやすい。
どうしようもないときは、
リビングにレジャーシートを敷いてピクニック体験。
楽しすぎて、アンコールが難点。

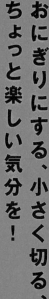

28

あとひとくち食べて！

大切なのは、子どもが食事を楽しめること

すぐできる度 ★★★

大人が子どもに言う「あとひとくち食べよう」は軽いけど、

子どもが大人に言われる「あとひとくち」はとんでもなく重い。

どうしても苦手な食べ物、
ちゃんとひとくち食べたのに。
そんな状況での「あとひとくち食べよう」。
それは子どものためなのか、
それとも大人の自己満足なのか、
しっかり確認することが大事。
子どもの食事でいちばん大切なのは、楽しむことだと思う。

29

音をたてて食べないで！

鼻づまりなど、意外なことが原因の場合もある

すぐできる度
★★★

子どもがくちゃくちゃ
音をたてて食べることが気になる場合、
「口を閉じて食べなさい」と注意する前にまず
お鼻がつまっていないか確認！
お口の筋肉がまだ十分に発達していないことが
原因の場合も。
「今日のおかず、かむとどんな音がする？
サクサク？お口閉じて食べると
よく聞こえるよ」なんてのもあり！

30

お薬
飲んで！

お薬を口に入れたあと、ストローで水を飲むと簡単

すぐできる度
★★★

錠剤やカプセル型のお薬が
飲めない子どもは多いけど、
あれは飲み込む感覚がつかめていないだけで、
わかれば飲めるようになります。
その感覚をつかむために
最も有効なのがストロー飲みです。
試しにサプリか何かでいいのでやってみてください。
口に入れたあと、ストローで水を飲むだけ。
驚くほど簡単に飲み込めます。

第4章

朝だよ

はやく
起きて!

起こす・寝かすで困ったら、これやってみ!

はやく寝て!

寝起きが
悪い

トントンしても
寝ない

体を動かしても
寝ない

31

朝だよ

朝が苦手な子には、起きるだけで「誰かが喜んでくれる」ことを伝える

すぐできる度 ★★★

子どもは「自分のため」を理解するのがまだ難しい。
その代わり「誰かが喜んでくれる」のは大大大好き。
なので、たとえば朝が苦手な子だったら
「起きないとご飯食べられないよ」と言うよりは、

「起きたら一緒にご飯食べられるから、ママうれしいなー!」

と言ったほうが効果は絶大。
言い方ひとつで子どもは大きく変わる。

32

はやく
起きて!

お昼寝からの寝起きに「電車が出発しまーす!」を活用

すぐできる度
★★★

寝ているとなかなか起きてくれない子ども。
「はやく起きて!」なんて言っても変わらず。
そんなとき、
保育園のお昼寝で効果バツグンなのは
「○○行きの電車が出発しまーす!」と、
お部屋・トイレなどを
目的地にする電車ごっこ。
眠たそうな顔でゾロゾロつらなる姿はかわいい。
「家でもうまくいきました!」と好評なのでぜひ!

33

寝起きが悪い

「あとの楽しみ」があるとうまくいく

すぐできる度
★★☆

お昼寝前に子どもに
簡単な「ひと言お手紙」を書く。

「あとで一緒に読もうね！
何が書いてあるか楽しみだね～」
なんて言いながら渡しておく。
すると、お昼寝後は「おてがみ、よむ！」と
うれしそうに起きてくれる。
眠たい子どもがごきげんになる、
オススメの「ひと言お手紙」。

ひと言お手紙

お昼寝前
ぐずぐず
まだ遊びたいよ～
ササッ
だいすきだよ
あとで一緒に読もうね！
なんて書いてあるかな～
おてがみ
お昼寝後
ガバッ
おてがみよむ！
ヨカッタ
ごきげんな寝起き～!!

34

はやく
寝て！

呼吸を合わせて添い寝する

「子どもが本当にはやく寝てビックリした！」と保護者に大好評の方法が2つある。
難しいことやめんどうな手順はなくて、
「自分の呼吸に合わせてトントン」または
「少し深めの呼吸を子どもに真似してもらう」。
これだけ。使う際は添い寝で！
もちろん個人差はあるけどオススメ技！

すぐできる度
★★☆

35

トントンしても寝ない

なでるとほぼ寝る3つのツボ

すぐできる度 ★★☆

トントンしても
子どもが寝ないとき。
僕がよくやるのは、

①眉間《みけん》を指で上から下に優しくなでる
②コメカミから耳にそって頭をなでる
③前髪を後ろにかきあげながら頭をなでる

この3つを使っても寝なかった子は経験上あまりいない。
子どもは「寝かせよう」とすると
絶対に寝ないので自然体で！

36

体を動かしても寝ない

頭を使う遊びをしてみる

公園で走り回っても絶対に寝ない。
そういう子どもは、
頭を使う遊びのほうが寝る
場合が多い。パズルでもいいし、
異なる色のおもちゃで
「どっちが赤でしょうか？」なんて問題を出すのもいい。
もう少し大きい子は
「どっちが重そう？」と物を持った大人の
表情だけで当ててもらうのも効果的。

すぐできる度
★★☆

第5章

部屋で
走らないで

手洗いして!

しつけで困ったら、これやってみ!

歯みがき
いやなの?

静かに
話して!

じゅんばんこね!

うそを
ついちゃダメ!

37

スマホはどうする?

1日1枚発行、1枚15分とか。スマホのチケット制がいい感じ!

すぐできる度
★★☆

「チケットを渡すとスマホが使える」というルールがいい感じ!

悩んでいるご家庭が多いので
チケット制を提案したら、
うまくいったという報告多数。
「ダメ」ではなく
「チケットがないから使えない」という
ハッキリしたルールを設けることで、
子どもの納得が得やすい。
1日1枚発行。1枚で15分までとかね。

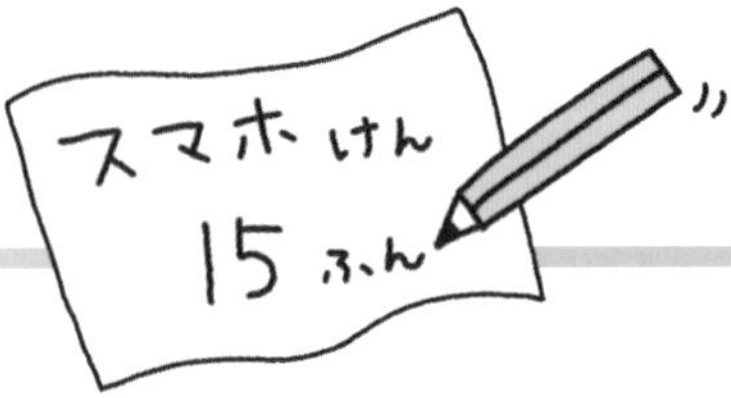

38

手洗いして!

手洗い屋さんオープン!

すぐできる度 ★★☆

手洗い屋さんは
かなり効果があります。

「いらっしゃいませー!
手洗いたったの100円だよ!」

と大人がお店屋さんになるだけで、
子どもがお金を払う真似をしてから
喜んで手洗い場に立ってくれます。
お金を払って、さらに手を洗ってくれる。
こんな上客いません。

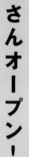

39

なんで手洗いしないの？

大人が後ろに立つだけで解消

すぐできる度
★★☆

保育園では手洗いするのに、
家ではしたがらない。
そんな子どもはけっこういます。
「お友だちがやってるからでしょ？」
それだけではないです。
家庭の洗面台は大人用の設計です。
台を置いても、せまい足場で手をゴシゴシすると、
体が揺れて不安定になり怖いんです。
大人が後ろに立つだけで解消します。
だから一緒に。

40

歯みがき
いやなの?

遊びのなかで歯ブラシに慣れておく

歯みがきをいやがるのは
「口の中に異物が入るのがいや」
という理由がかなり多い。
なので、慣れるまでは遊びのなかで
「歯ブラシをくわえてみよう!」
とハードルを下げて練習するといい。
歯ブラシを買う際は、
子どもに好きなものを
選んでもらうと、より効果的!

すぐできる度
★★☆

41

歯みがき
必要だね！

「のりご飯」後の歯を見ると……

すぐできる度
★★☆

子どもへの歯みがき指導をするうえで、
今まで学んだもののなかでいちばん効果があったのは
歯みがきの前に
「のりご飯」を食べるということ。
口をイーッとすると歯についているのが見えるし、
口をゆすぐと黒い焼きのりの破片が出てきて
「これが口の中にある」のが目でわかりやすい。
言われてやるよりも、
自分で必要だと思えるのが最強。

42

静かに
話して！

大きな声はゾウさん、小さな声はアリさんの遊びで解決

小さな子どもに対して「静かに！」は効果が薄い。

保育園でよく使うのは、

「大きな声はゾウさん！」

「小さな声はアリさんがお話するくらいだよ……」

「やってみよう！」と、

"大きな声""小さな声"の切り替えをするお遊び。

これをやっておくと「今はアリさんね」と伝えることで、子どもが実行しやすい。

すぐできる度
★★★

43

姿勢よく!

なりきり作戦で背すじがシャキーン!

子どもがフラフラと落ち着かない場合、
「ジッとしなさい!」と注意するよりも
「警備員さんの真似してみて〜」
とリクエストすれば楽しそうにジッと立つし、
女の子がひじをついてご飯を食べている場合は
「プリンセス、
食事のお味はいかが?」
と聞けば自然と背すじが伸びる。
子どもがイメージしやすいもので!

すぐできる度
★★★

プリンセスの姿勢

しつけ

44

飛び出し注意!

いざというときに道路で止まれる練習方法

すぐできる度 ★★☆

子どもが歩くようになったら、

成長を喜ぶとともに「止まる」ことを教えてあげよう。

お部屋の中を一緒にグルグル歩きながら、
ときどき「スト〜ップ!」と言って止まる。
これをくり返す。
楽しい遊びにもなるのでオススメ。
靴をはいて外へ出るようになると危険もいっぱい。

いざというとき、
止まれるには練習が必要。

45

部屋で走らないで

オススメは「その場ジャンプ&駆け足」

子どもが部屋で走り回るのは、体を動かしたい以上に「部屋の中に、『走り回る』よりも興味のある遊びがない」という理由が大きい。だから「やめなさい！」と注意しても数秒あとには走る。

必要なのは遊びの提供。

オススメは「その場ジャンプ&駆け足」。

危険がなく、回数を数えてあげると満足感が出て、一気に落ち着く。

すぐできる度 ★★★

しつけ

46

物を
投げないで！

物を投げるのは「科学」のめばえ!?
投げていいものを用意しよう

すぐできる度
★★☆

子どもが物を投げるのは、
じつは「投げる」こと自体がしたいわけではなく、
「投げた物が弧を描いて落ちていく様子」や
「想像していた落下地点では
ないところに落ちたこと」など
科学的なおもしろさを
感じていることが多い。
なので、必要なのは「やめなさい！」ではなく
「投げてもいい物」の用意だったりする。

47

じゅんばん
こね！

「待つ」の意味がわかっていない。順番は必ず来ることを経験させよう

すぐできる度
★★☆

よく子どもに「じゅんばんこね！」と伝えがちだけど、
3歳くらいまでは脳の機能として
「先を想像する」ことが難しく
「自分の順番が来る」ことがわからないので、
待てないと言うよりは、
「待つ」の意味がわかっていない。
順番が来るまで
大人がそばについてほかのことをしながら待ち、
必ず順番が来ることを
くり返し経験することが大事。

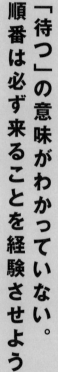

48

うそを
ついちゃ
ダメ!

「うそがバレている」と自分で察すると、自然とうそをつかなくなる

すぐできる度
★★☆

「子どもがうそをつく」という悩みは多い。
そんなときは叱るよりも「ふ〜ん、そうなんだ?」と
うそがバレていることを
子どもが察するような返答
をするほうが効果バツグン。
「言われたからやめる」のではなく
自分から「やめよう」という感覚。
見つけたら「これからは気をつけようね」でおしまいに。
子ども同士のトラブルなら、
まずは大人が代わりに謝ってみよう。

49

あやまりなさい！

悪かったと思うことが大事。「ごめんなさい」を無理じいしない

すぐできる度 ★☆☆

子どもの「ごめんなさい」は
大人が満足するための言葉じゃない。
ごめんなさいで締めくくらないと、
大人がスッキリしないだけの場合がある。
言うことに意味があるんじゃない。
思うことが大事。
それは表情で十分わかるはず。
子どもも「ごめんなさい」は
勇気がいるんだよね。

しつけ

50

どうやって
やめさせよう

子どもが小さいうちは「叱られない環境」をつくる

すぐできる度
★★☆

何度叱っても棚に登る、
さっきも言ったのに引き出しで遊んでいる。
とくに小さい子どもはこういうことが多い。
それは「善悪」がまだ判断できなかったり、
「理性」がまだしっかりと働いていなかったりするから。
成長とともに解決していくものなので、
まずは棚に登れないように物を置くとか、
引き出しが開かないようにロックをするとか、
子どもが叱られない環境づくりを。

第6章

遊び・お友だちで困ったら、これやってみ!

人にものを頼むには?

休日何する?

すき間時間にできる遊びは?

おもちゃを貸してあげて!

いつもひとりで遊んでる

お友だちとトラブル!

51

絵本を最後まで読んで～

あえて2回に分けて読んでみる

絵本を読み聞かせするとき、
1回で読みきることが多いと思うんだけど
「あとでお話の続き見ようね！」と声をかけたり、
お昼寝前に途中まで読んで
「起きたら続き見ようね！　楽しみだね！」なんて、
あえて2回に分けて読むのがけっこういい。
集中力が長く続かない
お子さんの場合はとくに効果的。

すぐできる度
★★★

52

休日
何する？

インスタントカメラで子どもカメラマン誕生！

すぐできる度
★★☆

休日の計画でお困りのパパママ！

インスタントカメラを
子どもに持ってもらって、
いつもの散歩道や
公園へ行くと楽しいですよ！

子ども目線の素敵な写真や
「なんでこれ撮ったの？」と笑っちゃうような
写真が現像で出てきます！
これも特別な体験になりますよね！

53

子どもとお絵描きしたいけど

絵が苦手でもかわいく描けるウラ技！とりあえずほっぺにピピピッ

すぐできる度 ★★☆

「どんな絵でも、とりあえずピピピッってほっぺをつければかわいく見えるから」

新卒のころ、先輩保育士に習ったこの教え。
今でもずっと役立ってる！
ありがとうございます！
絵の苦手な僕でも
無機質なものにならない
簡単なテクニック。皆さんもぜひ！

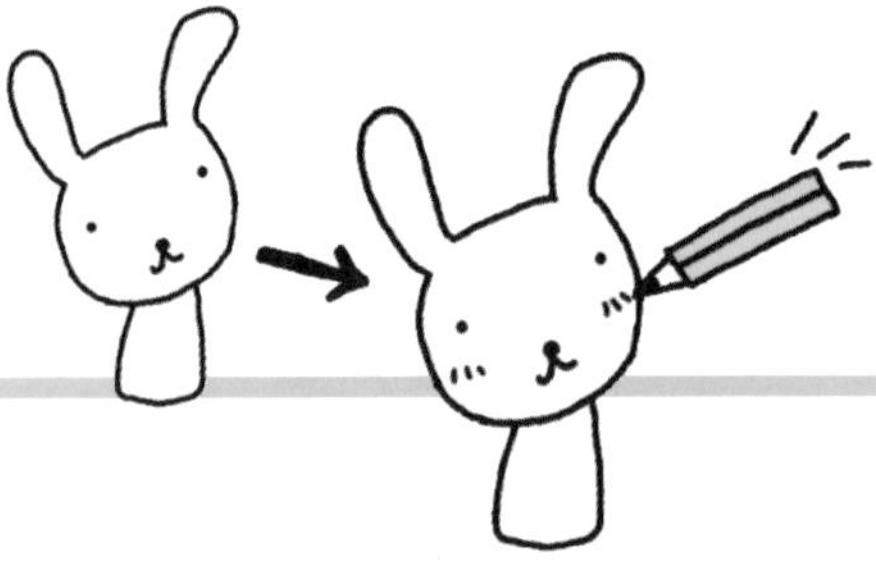

54

折り紙の茶色だけ余る～

「木の〇〇だよ！」は魔法の言葉

折り紙って、赤や青や黄色などが人気。
茶色や黄土色は「それ、やだ」と言って
子どもが使ってくれず余りがちですよね。
そんなときは

「木の飛行機だよ！」
「木の箱だよ！」
「木の手《しゅ》裏《り》剣《けん》だよ！」

と言って作ってあげれば、
一気に人気色になります。
クレヨンなどでも効くので、お試しあれ。

すぐできる度
★★☆

55

ちょっとした遊びがしたいとき

役に立たないけどできると楽しいこと

指パッチンとか口笛とか

「できても何の役に立つのかわからない」ようなことこそ、子どもに教えてあげるといい。

子どもたちの世界では
たいそうなことができるよりも、
へんな顔ができるほうがすごいし、
意外とそういったことが大きな自信にもなる。
手持ち無沙汰なときにぜひ！

すぐできる度 ★★☆

56

すき間時間にできる遊びは？

お金も時間もかけずに集中力がアップする遊び

すぐできる度
★★☆

「何本の指で押しているでしょうか？」と聞いて遊ぶのがおもしろい。

子どもの背中を複数の指で押して
年齢に合わせて
「親指と人差し指、どっちだ？」
と聞いてもおもしろいし、
逆に子どもが大人の背中を押して問題を出すのもいい。
自然と集中力が身につくし、
数字に触れることもできる。
週末のちょっとした時間にぜひ！

57

子どもに
もっと
話してほしい

夢中で話してくれる「電話ごっこ」がオススメ

すぐできる度 ★☆☆

子どもがお話上手になるオススメの遊びが「電話ごっこ」。

普通の会話ではすぐに飽きて
続かないことも多いけど、
「もしもし、○○ちゃんですかー？」
「何色が好きですか？」
「好きなお遊び、なんですか？」なんて聞くと
夢中で話してくれる。
「今日、保育園で何したの？」と
様子を聞きたいときも使える便利技。

58

家でできる学びは？

お手伝いデビューにも！五感をフルに使える料理

子どもは実体験を通して学んでいく。図鑑で100回見たキリンも、実物の1回で新しい感動を得る。家でも可能な実体験のオススメはお料理。食材を見て、触れて、においをかいで、切る、炒めるなどの音を聞き、味覚で楽しむ。**料理は、家の中で五感をフルに使える数少ない手段。**「お手伝いデビュー」にピッタリかも！

すぐできる度 ★★☆

59

おもちゃを
貸してあげて！

お友だちと「好き」が共感できる、大人の問いかけ

子どもがお友だちに
おもちゃを貸すためには共感が大切。

「おもちゃ貸してあげて」

「お友だちも使いたいんだって」と言うよりも、

「このおもちゃのどんなところが好き？」

と聞いてあげて「そうなんだ！**きっとお友だちもこのおもちゃ好きなんだね〜**」と
つけ加えるだけで反応がまるで変わる。

好きの共感。

すぐできる度
★★★

60

人にものを頼むには?

上手に「人を頼る」ことを教える親子の会話

すぐできる度 ★★★

「人に迷惑をかけないように」
と意識し過ぎる子どもは
「人に頼ること」を忘れてしまいがち。
「これ一緒に持って?」と、お友だちに頼めば
すぐに解決できることも頼めなかったりする。

「一緒にやったからできたね!」
「パパだけだったらできなかったよ、
ありがとう」

なんて簡単なやり取りでも育つのでぜひ!

61

お友だちと遊んでほしい！

大人にはそう見えなくても、子どもは意外と一緒に遊んでいる

子どもが3歳くらいになると、大人は「ひとりで遊ばずにもっとお友だちと遊んでほしい」なんて悩むけど、たとえば積み木で別々に何かを作っていても、あとで「何して遊んだの？」と聞くと「○○くんと、つみきした！」と答えることは多い。

大人が感じる以上に、子どもはお友だちと遊んでいるから大丈夫！

あせらず見守ってあげよう。

すぐできる度 ★★★

62

いつも
ひとりで
遊んでる

ひとり遊びで様々な力がつく。あせらず見守ろう

お友だちと声をかけ合いながら
しっかり遊べるのは5歳くらいから。
それまではあせらず「ひとり遊び」を
じっくり楽しめるようにしてあげるといい。

ひとりで遊び込むことで想像力や集中力、思考力などが身につく。

おもしろい遊びができる子は、
まわりからも魅力的に映って、
自然とお友だちとも遊ぶようになります。

すぐできる度
★★☆

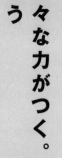

63

お友だちとトラブル！

加害者・被害者を決めないことが大事

子ども同士のトラブルが起きた際、
つい「どちらが悪いのか」を決めがち。
たとえば、おもちゃの取り合いがあると
「どちらが取ったのか？」に目が向いてしまうけど、
取ったように見えるほうがじつは取り返しただけのことも。
双方の話をきちんと認めたうえで、
「こうしよう」という提案を大人がすると、
子ども自身も、きちんとした話し合いをするように。
それでも取り合うなら「じゃあ最初にママが使おうっと！」と
大人が1番になるのもあり。

すぐできる度
★☆☆

コラム
from YouTube

「今だけひとりで遊んでほしい！」そのときどうする？

家事をしたいとか、家で仕事をしたいときに、「あ〜、今だけはひとりで集中して遊んでてほしい！」ってこと、ありますよね。でもそういうときに限って全然集中してくれなくて、「ママこれやって〜、パパ一緒にやって〜」となってイライラ……。ご家庭で非常によくあることだと思います。

なぜそうなるのかというと、ひとりで遊んでほしいから、大人が一方的に子どもをぽーんと放り出す構図ができてしまうからなんです。いきなり放っておかれるので、お子さんも「え、ちょっと待って！」とよけいにしがみついてしまうわけですね。ではどうすればいいかというと、**ふだんと同じように、子どもがある程度集中してからその場を離れる**わけです。

じゃあ、いつがその集中のタイミングなのか？　それを見分ける簡単なポイントをご紹介しましょう。それが、**子どもの「ひとりごと」**。

「がたんごとん〜」とか「とてもおいしいですよ〜！」とか、子どもたちが遊びながらひとりごとを言い始めたときは、自分の世界に集中してしっかりと入り込んでいる合図。ですからこのときが、ママパパが遊びから離れる絶好のタイミングです。そのときに、「ママ、ちょっとパソコンしてくるね」とか、断らなくていいです。ここで大人が言葉をかけてしまうとお子さんがパッと集中からさめてしまうので、じゃませず、そっと離れましょう。

そしてもうひとつのとっておきの方法。それは、**ママパパがお仕事や家事をするときだけ出てくる特別なおもちゃや遊びをあらかじめ用意しておく**こと。たとえば、ふだんはねんど遊びをしないけど、ママパパが忙しいときだけ、ねんどで遊べるとか。そのときだけ使えるミニカーとか、シールブックとか。「よ〜し、あれ出しちゃおうかな？」って出すわけです。そうすれば、お子さんにとって、ママパパが家事や仕事をしている時間が「さびしい時間」から「楽しい時間」に変わりますよね。ぜひやってみてください。

第7章

いつまで
遊んでるの？

ちゃんと
お話聞いて！

伝え方で困ったら、これやってみ！

車来るよ！
よく見て！

約束
したのに！

子どもとどう
話せばいい？

愛情を伝える
意味って？

64

水たまりに入らないで!

スマホで水たまりを撮影して、あとで見る遊びをお試しあれ!

すぐできる度
★★☆

子どもが水たまりで遊び始めると
なかなか帰らなかったり、
「その靴ではやめて……」だったり。そんなときは

「ん? その水たまり、お魚いない?」

と言うと、踏んじゃいかんと出てくれる。
「どこだ?」と探しながらスマホで水たまりを撮影して、
すかさず「おうちで写真見て探してみよ!」と言うと、
けっこう帰る。

水たまりで遊ぶのは楽しいし、いい経験にもなるんだけど、
毎回はそうも言ってられないのが現実。
ときには親がズルするのもあり。保護者から好評の方法です!

65

はやく
やって!

先にスキンシップをすると大人の話が耳に入る

子どもに「今すぐ○○をしてほしい」と思ったら、
まず両手を広げて
優しく「おいで」と呼ぶ。
そうしてハグをしながら、
やってほしいことを伝える。
「はやくやって!」「なんでやってないの!」
この時間をスキンシップに使うことで
確実にはやく終わる。
こうしたほうが間違いなく大人の話が耳に入るから。

すぐできる度
★★★

伝え方

66

○○
しなさい!

子どもが自主的に取り組む「手伝うね」の言葉

すぐできる度
★★★

子どもに何かしてほしいときは
「○○しなさい!」よりも
「手伝うね」と言ったほうが自発的に取り組みやすくなる。
たとえば「お片づけしなさい」よりも
「お片づけ“手伝うね”」のほうが、
自然と**「主役はあなた」と暗に伝える**ことができ、
「命令されたこと」ではなく
「自分の役割」という認識に変化する。
この言葉を使ったら、
最初の数分だけでも必ず手伝うことをお忘れなく。

67

ちゃんとしなさい！

優しく具体的に言い換える方法

子どもに対してよく使われる
「ちゃんとしなさい！」という言葉。
子どもにとってはすごくあいまいで、
強いプレッシャーとなるうえに
「怖い」と感じやすく、
結果、その場で何もできなくなる。
すわり込んだ子どもが
「ちゃんとしなさい！」と言われても
かたくなに立ち上がらないのはこれ。
優しく具体的に、**「立てるかな？」**とか。

すぐできる度 ★★★

68

あいさつしなさい!

あいさつが習慣になる小さなステップ

すぐできる度 ★★★

「あいさつしなさい!」と叱るよりも
ゲーム形式でできるようにするほうが早い。
とくに効果を感じたのは、登園時に保護者が、
「今日は先生に聞こえないように
小さな声で『おはよう』って言ってみようよ」
と子どもへ提案するもの。小さな声で言えたら
「小さな声でおはようできたね〜」とほめる。
すると、**小さな声であっても**
「登園したらあいさつをする」という習慣
ができ、そのうち普通の声でも言えるようになる。

69

いつまで遊んでるの？

大人の気持ちを伝える「○○してくれたらうれしいな」は鉄板

すぐできる度 ★★☆

子どもに何かしてほしいときは
「あなた」ではなく「わたし」を使ったほうが行動してくれる。
たとえば「いつまで遊んでるの？　はやく片づけて」は
子どもを主体にしたものだけど、
**「ご飯をテーブルに出したいから、
おもちゃ片づいてるとうれしいな」**
は大人が主体。
大好きなママやパパが喜んでくれることなら
率先してやるのが子ども。
ママパパの気持ちを伝えよう。

70

約束したのに！

約束を守っている状態を認める

すぐできる度 ★★☆

子どもとお約束事をしたあとに
最も大事なのは、
「約束を破ったら注意する」ことではなく
「約束を守っている状態をほめる」こと。

たとえば「ここでは静かにしようね」と約束した場合、
破ったときに「こら！」と言うよりも、
こまめに
「お、ちゃんと小さな声でお話してるね」
と認めてほめるほうが、はるかに効果が高い。

71

ちょっと待って!

「楽しみだね~」とひと言足すだけできちんと待てるようになる

すぐできる度 ★★★

子どもに待ってもらいたいときに
「ちょっと待って!」とだけ言うよりも、
ひと言足すだけではるかに
きちんと待ってくれるようになるのが
「楽しみだね~!」。
お料理中であれば「ご飯食べるの楽しみだね~!」、
おしたく中であれば「お外行くの楽しみだね~!」という具合。
ちょっと待ってほしいときは、
子どもの"楽しみ"に共感してみよう。

72

わかった？

話す前の「今からお話するね」で子どもの理解が進む

すぐできる度
★★★

子どもに話をするとき、
ご家庭と保育園では異なる部分があって、
そこが話を聞くか聞かないかの差になる。
ご家庭では話をしたあとに「わかった？」と
”話を聞いたかの確認“をするのに対し、
保育園では手遊びから始まり
「今からお話するね」と、
”話を聞く準備ができたかの確認“をする。
確認は話す前にするといい。

73

ちゃんとお話聞いて！

お名前を呼んでから話す

子どもにとって「話を聞く」と「話を理解する」はまったくの別物で、

後者は話し手にかなり意識を向けてもらわないと難しい。

だから、ただ「ちゃんとお話聞いて！」と

叱っても効果が薄い。

とても簡単で、すぐにできる工夫は

「名前を呼んでから話す」ということ。

たったこれだけのことで、

「あなたに話してるんだよ」ということが伝わりやすく、

きちんと話を聞いてくれるようになる。

すぐできる度 ★★★

伝え方

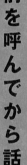

74

いいから
やって!

何から始めるか、子どもに決めてもらう

すぐできる度
★★☆

いやがる子どもには、とにかく「選択」。
おしたく中に「イヤ!」となった場合、
「いいからやって!」だと火に油なので、

「お洋服着るのとトイレ行くの、どっちからする?」

なんて決めさせてあげると、
「自分で決められるんだ!」という満足が
子どもの気持ちをくすぐり、
案外スッとやってくれやすい。

75

忘れてるよ!

自分で気づくと同じミスをくり返しにくい

すぐできる度 ★★☆

子どもが何かを忘れているときは、叱るよりも
自分で気づけるようにしたほうが
そのあと同じミスをくり返しにくい。
たとえば、帽子をかぶり忘れているときに
「帽子忘れてるよ！」と言ってしまうと
「わすれてない！」とか
「かぶりたくない！」となってしまいがち。
「今日は日差しが強いから、頭熱くなっちゃいそうだね～」
なんて言えば子どもは気づくし、
そのほうがスムーズにかぶってくれる。

76

車来るよ！
よく見て！

耳からの情報に反応しやすい子どもへの声かけ

すぐできる度
★★☆

とくに4歳くらいまでの子どもは
視覚と同じくらい
聴覚で物事に反応したり、
判断したりすることが多い。
なので「車来るよ！ よく見て！」と
注意をしても効果が薄いなら、
たとえば **「車の音、聞こえない？」**
と言ったほうが
立ち止まりやすく、
注意も向きやすくなる。

コラム
from YouTube

「はやくして」と言わなくても子どもが動いてくれる素敵な方法とは？

「はやくお着替えして！」「はやく食べて！」――。僕たち大人は子どもにしょっちゅう「はやくはやく」と言ってしまいますよね。そこで大人は「はやくおうち出ないと、あれ買わないよ」というふうに、いわゆるおどし文句みたいなことを言ってしまうのですが、これ、じつは大人も傷つきますよね。「あー、またこんな言い方しちゃった」「絶対よくないよな……」って。

僕も悩みましたが、よく考えると**子どもには「はやくしなくちゃいけない理由」がない**んです。「何時までにこれやらなくちゃ、あれができない！」ということがないので、**モチベーションがない**し、**「はやくする」っていうこと自体がわからなかったりする**んですね。そこで僕がいろいろ勉強して試した結果、「これなら！」という方法を見つけましたので皆さんにシェアしたたいと思います。

たとえばご飯が進まないとき。別の小さいお皿を出してあげて、そこにほんのちょっと、人差し指の腹に乗るぐらいのご飯を載せます。そして、「これ食べられるかな～？」って聞く。そうすると子どもは、「え、そのくらい食べられるけど？」って感じで食べますよね。そうしたら、「食べられたね！じゃあこれは？」って、今度はひとくちくらいの量を載せる。「はやく食べて」と言うと子どもは目に映った料理を全部食べなくてはいけないと思っていやになってしまいますが、"たったこれだけ"なら、「そんなの簡単だよ」って食べてくれますし、それをくり返していくと、残りもどんどん減っていきます。

すると、達成感を感じてさらにモチベーションがアップします。これは「スモールステップ」といって、細かい、小さい目標を設定することで、子どものやる気を持続させ、大きな目標を達成できるようにする手法です。

お着替えでもなんでも、目標は、子どもから見て難しそうに映るようなものではなく、細かく細かくして、できたらほめる、できたらほめるというふうに進めると、モチベーションが維持されて結果的にはやく終わります。

77

泣きやんでほしい

泣いている理由を聞いて、気持ちを認めるのが近道

すぐできる度 ★★☆

泣いている子どもに「あっち楽しそうだよ！」なんて
ごまかしの声かけをしても本当の解決にはなりません。
あえて泣いている理由に踏み込む。
「どうして泣いてるの？」「そっか、それは悲しいね」
まずはしっかりと聞いて、
泣いている子どもを肯定的に認める。
認めずにいると
「かなしいっていうことをわかってほしい！」と
余計に大きな声で泣くので、
とにかく認めていくことがじつは近道。

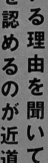

78

望ましくない
行動は？

「それダメ！」ではなく、やることを具体的に伝える

子どもの望ましくない行動は
否定でなく、
望ましい行動を伝えると改善が早い。
たとえばお部屋を走っていたら
「走らないで！」→「歩こうね」。
子どもは否定語を理解するのが難しいため
「走らないで」では
「走る」をイメージしてしまい、
よけい走りまわってしまうことがある。
必ず正しい行動を伝えよう。

すぐできる度
★★☆

79

まだ遊んでいいよ！

「言っていること」と「表情」を一致させる

すぐできる度 ★★☆

大人は言葉と表情と態度が一致していないことがある。
たとえば「まだ遊びたい」という子どもに
「いいよ」と言いつつ、顔をしかめていたり、「ダメ」と言いつつ口元が笑っているなど。
これが続くと混乱につながり、
いわゆる"顔色をうかがう子"になりやすい。
逆にきちんと一致させると、
子どもの行動力はぐんぐん成長するので、ぜひ！

80

頼みごとがスムーズに！

大人には簡単なことでも、なるべく短く区切って伝える

すぐできる度 ★★☆

子どもには大人のように言葉を整理するのが難しい。
たとえば「あそこに置いてあるティッシュ持ってきて」は簡単なようで、じつは情報が多く、伝わりづらい。

「お願いがあるの」
→まず頼みがあることを伝える。

「あそこのティッシュ見えるかな？」
→目的を明確にする。

「あれを持ってきてほしいんだ」
→してほしいことを伝える。

これならほぼ伝わる。子どものあいづちが入るくらい短い言葉で！

81

子どもと どう 話せばいい？

オウム返しで十分 コミュニケーションは成立する

子どもとの話し方がわからなくて困るという人は、
まずはオウム返しでも十分。

「○○したの！」

「そうなんだ、○○したんだね！」

「あっちで○○みた！」

「へー！ あっちで○○見たんだ！」

とくに話題を振らなくても、
"自分のお話をちゃんと聞いてくれる"のはうれしいもの。
なれてきたら「○○してみてどうだった？」
「○○見てどう思った？」と聞いてみよう！

すぐできる度 ★★★

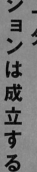

82

今日
何したか
聞きたいとき

朝、会話のきっかけを作っておく

すぐできる度
★★★

帰ってから寝るまでの短い時間のなかで
子どもと濃い会話をする、
とっても簡単でいい方法があります。
それは、朝の時点で
「今日は園でどんなことしたい？」
などと聞いておくこと。
夜は「朝○○したいって言ってたけどできた？」と聞くだけ。
「今日何した？」と聞くより内容が濃くなり、
話も広がりやすい！

83

子どもと話す言葉づかいが難しい

語尾を「なにぬねの」にするだけで言葉が優しくなる

すぐできる度 ★★★

「子どもに話す感じがわからない」という人に
簡単でオススメの話し方がある。

それは語尾を「なにぬねの」にすること。

「〜したい?」→**「〜したいのかな?」**
「〜に行って」→**「〜に行こうね」**なんて具合。

こうすると子ども自身の話し方も
優しいものになっていくので、
言葉づかいが気になる場合もぜひ!

84

赤ちゃん返りかも！

「ちゃんと見てるよ」が伝わる呼びかけのコツ

子どもはとくに下の子が生まれたり、ママパパが忙しかったりすると「見てもらえてない」と不安になって、イタズラなど気を引くような行動にでやすい。

そんなときは**「～している○○くん」**と、呼びかける際に**“行動とお名前を同時に”言うだけ**で「ちゃんと見てくれてた！」と安心につながり解消へ。オススメ！

すぐできる度 ★★★

85

問題行動発生！

いつものあいさつに愛情を足す「大好きな○○ちゃん」

すぐできる度 ★★★

愛情が条件つきになるとき、
子どもの問題行動は発生しやすくなる。
赤ちゃんのころは何をしても
「かわいい」「大好き」となっていたのが、
2歳、3歳となるにつれて
「これができたからいい子」と
愛情に条件がつきがちになる。

「大好きな○○ちゃん、おはよう」

とあいさつに愛情を足すだけで
無条件に変わるのでぜひ！

86

やってほしいことを伝えたい！

スマホを使うとスムーズに伝えられる

すぐできる度
★★☆

子どもに「片づけて」「ご飯食べて」と
言葉で伝えようとしても、なかなか伝わらないことがある。
そんなときは**視覚を刺激する**と効果的。
たとえば、スマホでふだん子どもが
しっかりご飯を食べている様子を写真に撮っておいて、
食べないときに
「この○○くん、ご飯食べてるね！　おいしそう～」
と見てもらう。
子どもはイメージができると
行動しやすいので、困ったらぜひ！

87

忙しくて関われない!

鏡を使って愛されている自分を見せよう

すぐできる度
★★☆

おうちでの短い時間のなかで、
子どもと深く関わりたいと思っている
忙しいママパパにオススメなのが、
「鏡」の活用。
ただハグや抱っこをするよりも
鏡の前でそれをするだけで、
子どもは「自分が抱っこされている様子」を
視覚でも感じることができ、満足度が何倍にもなる。
愛されている自分を見られるから。

88

愛情を伝えたいけど難しい

「このおもちゃもパパも好きだな」は子どもにとって愛情表現です

自分が好きなおもちゃを
大人にていねいに扱ってもらうことで、
子どもは自身のことも
大事にしてくれていると感じやすい。
なので、ポイッと投げたりガチャンと置いたりせず、
「このおもちゃもパパも好きだなぁ」
といった言葉をかけるだけで、大きな愛情表現に。
短い時間で大きな効果になるのでぜひ！

すぐできる度
★★★

89

愛情を伝える意味って?

おうちでいっぱい愛情をもらうとお外でいっぱいがんばれます

すぐできる度 ★★☆

クサく思われるかもしれませんが、本当のことだから言いたい!
子どもは、大人からもらった愛情のぶんしかがんばれません。
おうちでパパママからいっぱい愛情をもらうと、お外でいっぱいがんばれます。
不安なことや悲しいことがあっても、その愛情で乗り越えられるんです。
お外で消費して帰ってきたら、またおうちで補給!
そのくり返しが子どもを強くします。

90

約束したのに

守れる約束で成功体験を重ねてあげよう

すぐできる度
★★☆

大人は子どもに対して「約束ね」とよく言う。
でも、それが約束ではなく
「命令」になっていることがある。
子どもなりに守ろうとするけど、
できなかったり忘れてしまったりする。
そして、約束を守れず怒られることで自信をなくす。
子どもとの約束は「守れるもの」を選び、
「できた！」を重ねてあげたい。
その積み重ねによって、
本当に約束の守れる子どもに育っていく。

コラム
from YouTube

爆笑！ 子どもが話を聞いてくれるウラ技

子どもがこちらの話を全然聞いてない！ってことありますよね。「お片づけしてね」と言ったら「うんわかった～」と返事だけして全然片づけを始めないとか、「ご飯だよー」と言っても、テレビを見ていて返事すらしないとか。それでつい「何度言ったらわかるの！」なんて言ってしまうんですが、これを簡単に改善する方法があります。

そもそも、子どもが話を聞いていないのは、脳の発達段階で、**聞く力と見る力を同時に働かせるのがまだ難しいから**なんです。なので、**聞くほうに集中していると見るほうはお休み**ですし、**見るほうに力を入れていると聞くのがお休み状態**に。もしくは、何か言われているのはわかるけど内容は頭に入っていないということが起こります。ですから、話を聞いてほしいときは、このバランスを聞くほうに近づければいいんです。

どうするかというと、これ、簡単ですごく効果があるのですが、お話する前に、**「ピンポンパンポーン！　ママ、今からお話しします」**って言うんです。保育園でも言葉だけだとなかなか聞いてくれないんですが、こういう効果音とか歌を入れるだけで効果てきめん！ **ファミリーマートの入店音「♪ターリーラリララ～」**も、けっこう食いついてくれますね。あとすごいのが、**火曜サスペンス劇場の「♪じゃ、じゃ、じゃーーーん」**ていうテーマ曲。子どもたちがパッとこっちを見てくれます。怖がっているわけじゃなくて、「何の音？」って感じでこっちを向くんです。僕はだいたいこの3種類から今日はこれで行こう！って選んでやってます。

あとは、声色を変えるのもおすすめ。普通の声じゃなくて、すごく低い声とか、ミッキーマウスの声とかで「ご飯だよ」と言ったりすると、「あれ？何？」と注意を向けてくれます。そしてこちらにしっかり注意が向いてから、伝えたいことを言うと話が通りやすくなるんですね。たったこれだけのことで全然違いますから、ぜひチャレンジしてみてください！

第8章

叱り方・ほめ方で困ったら、これやってみ!

なんでできないの?

叱ってばかりいる

言うこと聞いて!

ほめるところがない

やる気を出してほしい

ほめても響いてない!

91

「叱る」と「怒る」の違いは？

「この子が幸せになりますように」と思いながら言えたかどうか

すぐできる度 ★★☆

「叱る」と「怒る」の違いがわからないというママパパは多い。

「叱る」は子どものことを考えたもの。
「怒る」は大人の一方的な都合のもの。

それでも違いが難しければ

「この子が幸せになりますように」

と思いながら言えたら、それは「叱った」と考えていい。
でも、ママパパも人間だから怒っちゃうときもある。
それは当たり前だから自信をなくさないでほしい。

92

怒って
しまいそう

怒ってしまいそうになったときこそ、スキンシップ

すぐできる度
★★☆

子どもへの叱り方が劇的に変わる方法として
とくに効果を感じたのは「スキンシップしながら」だった。
ほめるときは当たり前のようになでるのに
叱るときはノータッチ。
言葉と行動は連動しやすい。
手や背中をなでながら叱ると、自然と優しい口調になるし、言いすぎない。
なでながら怒るのは難しいから。

93

叱って
ばかりいる

叱るときは遠くからでちょうどいい。ほめるときほど、近くで伝えよう

すぐできる度
★★☆

子どもが何か叱られるようなことをしたとき、
大人はサッと近寄って叱ることが多い。
一方で、ほめられるようなことをしたときは、
近寄らずに「すごいね～」なんて
目を配っておしまい、なんてことが多い。
これを思いきって逆にしてみてほしい。

「近くでほめて、離れて叱る」。

近くでほめられてうれしいし、
叱られるときは威圧感が減って、話が入ってきやすい。
「叱ってばかり……」と悩んだら、ぜひ一度お試しを！

94

きつく
叱りすぎる

自分の「心の天気」が晴れになるときを待ってみる

すぐできる度
★☆☆

自分の「心の天気」を意識すると、子どもと接するときに役立つ。

雨のときに叱ると嵐になりがちで、
くもりのときもどちらに転ぶかわからない。
心の天気は晴れているほうがうまく伝わりやすくて、
雨やくもりのときは過ぎ去るのを待つのが得策。
叱るときだからこそ、
晴れのときを選ぼう。
人間の怒りは「最大6秒」。
6秒間待ってみると、雨は曇りに、曇りは晴れになる。

95

片づけてって言ったのに！

気持ちは認めて行動だけ叱る「でも」「だけど」の使い方

すぐできる度
★★☆

子どもを注意するときは
「でも」「だけど」を足すだけで
伝わりやすさが段違いになる。
たとえば「片づけてって言ったのに！」には、続けて
「でもまだ遊びたかったんだよね」。
「そこ登ったらいけないよ！」には、続けて
「だけどおもしろいんだもんね」
といった具合。

行動を叱り、
気持ちは認めることがポイント。

96

悪い子だね！

「悪い子」は人格否定のNGワード。注意すべきは、行動だけ

すぐできる度 ★★☆

「悪い子」は人格否定、行動だけを叱ろう。
誰かがよくないことをしたときに、
その「行動」について意見するのは人のためになることもあるが、
「人格」を否定するのは何のためにもならない。
子育てにもまったく同じことが言える。
同じ注意でも
「走ったらいけないよ」と
「悪い子だね」はまったくの別物。
人格の否定は自信を失うだけ。
誤った状態を正すには、行動についてだけ意見しよう。

97

言うこと聞いて!

子どもの器はまだ小さい。収まる量を見計らって伝える

子どもも大人もお互いの主張を受け入れる器を持ってる。
ただ、子どものはまだ小さいから、
ときどきカンシャクを起こすし、
言うことを聞かないときもある。
それを叱ってもさらに器からあふれてしまうだけ。
少しずつでいいので、子どもをよく見て、
注ぐ量とタイミングを見計らってみる
と、うまくいくことが増える。
それができるのは大人側だけ。
子どもの器は徐々に大きくなるから、安心して見守ってみよう。

すぐできる度
★☆☆

98

ちゃんと聞きなさい！

言葉で制止するより耳に入る伝え方

カッとして「叱らなきゃ！」と思うときは、たいてい子どもも感情が高ぶっているので、十中八九「ちゃんと聞きなさい！」という流れに。
言葉で制止しようとするよりも**「これをしているときは落ち着いているな」と思う遊び**に誘ったほうが冷静になりやすく、結果、伝えたいこともきちんと伝わるように。
感情が高ぶった状態では話が入らないので、その場ではいったん目をつむり、遊びながら落ち着いて話そう。

すぐできる度 ★★☆

99

たたいちゃダメ!

悪意はない。ルールを決めて遊びにしよう

すぐできる度 ★★☆

子どもが大人をたたいてくるときがある。
「たたいちゃダメ!」なんて言いがちだけど、
悪意はない。
ほとんどは気を引きたかったり、
かまってほしかったり、反応をおもしろがったり。
なので「ダメ!」ではなく、
たとえば**「手にタッチしてごらん」**と
ルールを決めて遊ぶだけで子どもも満足。
「大人にかまってほしい」という目的を
達成することができるから。

100

なんで！

「理由を聞く」と「叱る」はキッチリ分けよう

すぐできる度
★★☆

大人が子どもを叱るとき、
「なんでたたいたの！」「なんで用意してないの！」
といった具合に「なんで」を使いがち。
理由を聞きたいだけなら叱る必要はない。
“理由を聞く”と**“叱る”**が同時になると
どちらも伝わらず、
怒られないように
うそや言いわけをしてしまう。
この2つをしっかり分けて話すことが大事！

101

なんで
できないの？

否定ではなく理由を探す「どうしてできなかったんだろう？」

すぐできる度
★★☆

子どもに何かを問う場合、たとえば「なんでちゃんと片づけないの？」と聞くと「できなかった自分を責められている」と感じてやる気をなくし、状況もよくならない。「なんで」は子どもにはキツく感じられるので、伝わり方がやわらかい「どうして」に変えよう。そして

「どうして
片づけられなかったんだろう？」

と過去形で聞くことで、理由を考えて改善につながりやすい。

否定ではなく理由を探す。

コラム
from YouTube

「なんで○○したのっ!!」をちょっと言い換えるだけで叱り方が変わる

たとえば子どもがお水をこぼしたとか、何か失敗したときに「なんでお水こぼしたの！」と言ったり、お片づけしていないときに「なんでお片づけしてないの！」と言ってしまうことってよくあると思うんです。

でも冷静に考えてみると、「なんでこうしたの！」と言ってその場の状況がよくなることって、あまりないですよね？

僕自身も、保育士をやっているなかで、「なんでそんなことしたの」とか「なんでこれやってないの」と言うことがよくあったんですが、あるとき、これではいい結果は生まれないなと気づき、言い方を換えることにしました。

どう換えたかと言うと、「なんで」ではなく、「何が」に換えたんです。つまり、「なんで○○したの」ではなく、**「何があったの？」**と言うようにしました。そうしたら、子どもの反応が全然違ってきたんです。

たとえば、たまたまひじが当たってコップがたおれ、お水をこぼしてしまったとき。「なんでお水こぼしたの！」と言われると、子どもは当然、責められている気がします。言っているほうも、心では「何してるんだ！」、ダメじゃないか！」と怒っているんですよね。お片づけでも、「なんで片づけないの！」と言いながら、本当は理由を聞きたいのではなくて、「ちゃんと片づけしなきゃダメでしょ！」と叱っているわけです。つまり、**言葉と内容がずれているので、大人にとっても子どもにとっても、状況がよい方向に進まない**わけなんです。

では、それを「何があったの？」に言い換えるとどうなるか。

お水をこぼしたときなら、「なんでお水こぼしたの！」ではなく**「お水こぼれちゃったね、何があったの？」と聞いてあげる**と、子どもは、自分だけではなくて、自分を含めた環境で「何があったの？」と聞かれていると思って、「ひじが当たっちゃったの」というように、起こったことを言いやすくなります。そうやって理由を言えると、「今度からぶつからないように気をつけよう」という思いも生まれてくるわけですね。

片づけも、「なんで片づけしてないの！」ではなく「あれ？　お片づけ進んでないね。何かあった？」と言うと、心配してくれているように聞こえて「おもちゃがたくさんあってどれから片づければいいかわかんなくなっちゃった」とか「まだ遊びたかった」とか、**困っていることや本当の気持ちを言いやすくなる**わけです。困りごとなら大人がサポートできますし、気持ちだったら「そうか。遊びたかったんだね。でももうお出かけの時間だよ〜」と、気持ちを受け止めたうえで行動を促すことができるわけですね。

これを園で保護者の皆さんに伝えたところ、実際にやってくださったご家庭がありました。

そのおうちでは、外に遊びに行くとき、お子さんがなかなか靴をはかなかったそうなんです。そこで今までなら「なんでお靴はいてないの！」と言っていたところを、「あれ、靴はいてないね、何かあった？」と聞いたら、お子さんが「あっちの靴がよかった」と。たったそれだけのことだったんですね。

子どもからしてみると、これじゃなくてあっちの靴ならすぐはくのにという気持ち。でも大人がそこを省いて「なんではかないの！　さっさとはきなさい」と言ってしまうことで、よけいに手間がかかっていたわけなんです。

ただ、お父さんお母さんも人間ですから、いつも「何かあった？」と聞かなくてはいけないとは思いません。自分の心にゆとりがあるときだけでかまいませんから、「何かあった？」と言ってあげられるといいと思います。

ところでこれは、お子さんが小さいときだけではなく、成長してからも意識していただくといいと思います。なぜなら、たとえば小学校に上がるとひとりでしなければならないことがたくさん出てきます。そのときに、「なんでやってないんだ」って言われると、本当に困っていることを言いづらくなって、大人が問題に気づきにくくなる、ということが起こるからです。でもふだんから「何かあったの？」と言われていれば、**子どもが困っていることを親御さんに相談しやすくなります**よね。そうしたことが、もしかしたらイジメとかいろんな問題の解決につながることもあるのではないかと思うんです。

というわけで、叱るときは「なんで」ではなくぜひ「何が」にしていただきたいんですが、「なんで」を使ってもいいケースもあります。それは、「ほめるとき」。

たとえばお子さんがお絵かきをしたとき、「上手にかけたね〜!」ってほめる。これだけでももちろん十分なんですけど、**「お絵かきできたね! なんでそんなに上手に描けたの?」**と言ってみてください。それとか、お子さんが「見て! 折り紙でチューリップ折ったよ」って持ってきたときに、「あれ、チューリップすごい上手に折れたね。どうしてこんなに上手に折れたの?」って聞いてあげると、お子さんはもう「わあー」ってうれしくなって、「お山とお山がちゃんとくっつくようにそーっと折ったんだよ」とか、自分ががんばったことをすごく楽しそうな顔で教えてくれます。そうすると、ああ、ここをがんばったからうまくできたんだなって、お子さんが自分でもわかって、次もがんばろうと思えるわけです。

なので、叱るときには「なんで」ではなくて「何があったの」、ほめるときには逆に「なんでなんでどうして」と言ってあげると、お子さんのモチベーションがぐぐっと上がっていくんじゃないかなと思います。ぜひやってみてください!

102

ほめ方が
わからない

「見てくれてるんだ！」と思ってもらうだけでも十分

「子どもをもっとほめましょう」と言われても、
うまくできなかったり、その余裕がなかったり。
そんなとき、まずは
「見たこと」を言うだけで大丈夫。
「ブロックで遊んでるんだね」
「今日はお荷物が重そうだね」なんて言うと
「見てくれてるんだ！」と
大切に思われていることにうれしくなるもの。
一歩ずつ。途中の段階でほめる。
「ほめようほめよう」と悩むくらいなら、まずは見るところから。

すぐできる度
★★★

103

ほめるところがない

もともとできたことでも上達をほめられるとうれしい

すぐできる度 ★★★

毎日子どもに叱ってばかりで「ほめるところがないよ」と悩んだときは、

"できて当たり前"になっていることをほめてみるといい。

たとえば、お着替えやお片づけをしたときには
「お着替えはやくなったね～！」
「お片づけこんなに上手だった？」など
改めてほめると、
きっとうれしそうな笑顔が見られると思う。
当たり前を認められると、次へのステップも軽くなるものです。

104

やる気を出してほしい

「ママみたい！」「パパみたい！」は最強のほめ言葉

すぐできる度 ★★★

ママのことが大好きな幼児期だからこそ、お片づけやお手伝いに積極的になりやすいほめ言葉が**「ママみたい！」**。

「お片づけ助かるな〜」「お手伝いうれしい〜」なんてのもいいけど、この時期の子どもはママに対する憧れがとても強いので「ママみたい！」がとんでもないやる気を生む。

もちろん**「パパみたい！」**でも同じく効果的。

105

効果倍増のほめ方は?

誰かをはさんでほめる

すぐできる度
★★☆

子どもをほめるときに
効果が倍増する簡単な方法は
「誰かをはさんでほめる」
ということ。
たとえばご家庭の場合、子どもの前で
「〝ママがパパへ〟子どものいいところを伝える」、
そして「〝パパが子どもへ〟それをほめる」
というようにするだけで、
全員に認めてもらったことになり、
うれしさが一層大きくなりやすい。

106

上手だね！

絵や作品をほめるときは「好きなところ」を伝える

子どもが描いた絵をほめるとき、
ただ「上手だね！」と言うよりも
さらに喜んでくれて、やる気が上がる簡単な方法。
それは、「ここきれいだねー！」「ここの形が好きだな〜」
「色が混ざってるところが素敵」なんていう具合に、
自分が感じた
"その絵の好きなところ"を伝えるだけ。
具体的に言われるほうが子どもは
自信につながりやすくなり、モチベーションも上がる。

すぐできる度
★★☆

107

自信をもってほしい

できたことを言葉にするだけで自己肯定感が高まる

すぐできる度
★★☆

子どもが自分を客観的に評価できるのは8、9歳になってから。

それまでは大人からの評価が強いので、「片づけができない」「行動が遅い」など言われ続けると「自分はそうなんだ」と決め込み、いっそうそうなっていく。逆に少しでもできたときに「お片づけ上手だね！」などとほめれば、その姿へ近づくことができる。

ポジティブな言葉が大事！

108

ほめても響いてない!

「行動」そのものより「気持ち」をほめると響く

子どもが何かほめられるようなことをしたときは
「行動そのもの」よりも
「行動しようとした気持ち」をほめる
ほうが響きやすく、継続性が生まれやすい。
たとえば、お友だちへおもちゃを貸したときには
「おもちゃ貸してえらいね」
↓
「貸してあげようって思ったの? 優しいね」
という具合。
気持ちをほめることで、
ほかの場面での素敵な姿にもつながる。

すぐできる度
★★☆

109

えらい！
いい子！

「うれしかった」「助かった」と大人のハッピーを表現するのがベター

すぐできる度
★★☆

子どもをほめるときは、
「〜できたからえらい」「〜したからいい子」ではなく、

「〜できてうれしかった！」
「〜してくれて助かった！」と
大人のハッピーな気持ちを
表現したほうが、子どもは喜ぶし
次の意欲にもつながる。

その場の評価をくだすような言葉より、
こういった言葉のほうが
子どもそのものを認めていることになる。

110

まだだよ！

途中でほめて、残りを応援するとうまくいく

僕たち大人はつい10じゃないとほめられない。

お片づけの終わりが10として、
6まで子どももがんばっても
「まだ残ってるよ」「全部片づけて」と言う。

まずは6をほめる。

「きれいになってきたね！」「がんばってるね！」

それから4を応援する。

「残りもできそうだね！」

何事もこうするとうまくいきやすい。

すぐできる度
★★☆

111

それはまだ……

できなかったことは無理にほめないのも愛

子どもはなんでも自分でやりたがり、できないこともやろうとしてパパママが困ることも。
「自信をなくさぬように」とできなかったことまで「できた ね!」と無理にほめるのではなく、
「重たくて難しかったね、大きくなったらお願いね!」
としっかり伝えることで「これはまだできないんだ」と判別がつきやすくなる。これも愛。

すぐできる度 ★★☆

112

そんなこと
ないですよ

子どもをほめられたら「そうなんです！」と言おう

パパママは家族以外の人に自分の子どもをほめられると
「いえいえ……」「そんなことないですよ」と言いがち。
これって子どもはけっこうショック。
思いきって

「そうなんです！」
「すごいですよね！」

と言ってあげると、
子どものやる気や気持ちがグッと上がる。
これがいい「親バカ」なんじゃないかな。

すぐできる度
★★★

コラム
from YouTube

「えらいね」「いい子だね」よりもはるかに効く！ 効果抜群のほめ方

「ほめて育てましょう」って子育てではよく言われますよね。僕も、子どもってどうやってほめたらもっとうれしいのかな、どうやってほめたらもっとモチベーションが上がるのかなと思っていたんですが、ここでご紹介することを実践したら、ほめられたときの子どもの笑顔が変わり、さらにモチベーションが上がったのも感じるようになりました。すごく簡単なのでぜひ試してみてください。

ポイントは2つ。

1つ目のポイントは、**子どもをほめるときに「いい子だね」や「えらいね」といった言葉は使わない**、ということです。

「いい子だね」とか「えらいね」といった言葉は今、「ごほうび言葉」と言われることがあります。

それは、「おもちゃを買ってあげるから、これして」とか、「お菓子買ってあげるから、もう帰ろ〜」と言われたときの子どもの脳の状態と、「いい子だね」「えらいね」と言われたときの子どもの脳の状態が、脳科学的に近いと考えられているからなんですね。

なので「いい子だね」とか「えらいね」という言葉は、〝そう言われたいからそれをやる〟とか、〝言われないと不安だからやる〟といった、ちょっと間違った方向のモチベーションが上がってしまう場合があるんです。

そこで、じゃあどういうほめ方をしたらいいかというと、「いい子だね」「えらいね」と言わなくても子どもたちが十分うれしくて、さらにモチベーションが上がるほめ方があります。それは、たとえばお片づけができたときにはこう言います。

「お片づけできたね！」

これだけです。「え？」と思われるかもしれませんが、**本当にこれだけです。**

これだけを言うことで、子どもたちは自分がお片づけしたこと、たとえば靴をしまえたという場合は、**「自分が靴をしまえたことをきちんと大人が理解してわかってくれたんだ」と感じます。この事実だけで、子どもはもう十分うれしいんです。**

あなたはいい子だね、えらい子だね、ということを言わなくても、その子が「できた」という現場をきちんと大人が認めてあげるだけで、同じもしくはそれ以上の効果があるんです。子どもが何かしたとき「できたね」と言うだけなので、ぜひ試していただきたいなと思います。

誤解のないようにつけ加えると、「えらいね」とか「いい子だね」という言葉を使わないほうがいいという話をしたいわけではありません。実際に、「えらいね」とか「いい子だね」と言われるのも子どもはうれしいですから、それを否定するつもりはまったくありません。ですが、何かほめたいことを子どもがしたときに、試しに「できたね」も言ってみてほしいんです。そうすると、きっと「いい子だね」と言われたときと同じくらい、もしくはそれ以上の笑顔をお子さんが見せてくれるんじゃないかなと思います。

そして2つ目です。

2つ目のポイントは、**子どもをほめるときには「気持ちをほめる」**ということです。

先ほど「できたね」と言うだけで十分というお話をしたんですが、もしプラスアルファを加えるとしたら、気持ちをほめてあげてみてください。

たとえば子どもがお友だちにおもちゃを貸してあげたときには、「おもちゃ貸せてえらいね！」でもいいんですが、それを、**「おもちゃ貸せたんだ！優しいね」**というように言ってあげると、子どもはさらにうれしさが倍増します。

「優しいね」とか、「きっとお友だちもうれしいんじゃないかな」とか、あるいは「ママもうれしいな」とか、**子どもや大人の気持ちを言葉にしてあげる**ことで、自分がしたことによる相手へのいい影響を振り返りやすくなり、子どものモチベーションやうれしさがさらにアップすることになるんです。

ぜひ試していただきたいなと思います。

第9章

ちゃんと
見なさい！

鼻水や口を
拭くのをいやがる

子どもの心と体

急に
不きげん！

しつこい！

どうして
泣いてるの？

泣いて欲しがった
お菓子なのに

113

上手に！
はやく！
きれいに！

幼い子どもの器用さは大人がゴム手袋2枚重ねづけしたレベル

すぐできる度
★★★

幼い子どもの手先の器用さは
「大人がゴム手袋や軍手を2枚重ねて着けた状態に近い」
とよく言われる。
その状態で着替えが上手にできるか、
靴をはやくはけるか、折り紙をきれいに折れるか、
そんなことを想像してみると、
いかに「上手に」「はやく」「きれいに」なんて言葉が
子どもにとって難しいかが理解できる。
あせらせても悪循環になるので、
ていねいにできる時間の確保を意識！

114

ちゃんと見なさい！

「見てない」のではなく「見えてない」ことも想定しよう

子どもが人や物にぶつかったときに「ちゃんと見なさい」といった言葉が投げかけられるけど、じつは見ていないのではなく「見えていない」ことが多い。

6歳で視野は左右90度、上下70度。

（大人は左右150度、上下120度）

交通安全の「右見て、左見て」の首振りが大きいのは大げさでなく、本当に見えないから。

とくに危ない場所では、大人が見本となって少しオーバーにまわりを見るようにすると、子どもはそれを真似してくれる。

すぐできる度 ★★★

115

つねに視界に

子どもだってひとりになりたいときがある

すぐできる度
★★☆

子どものいる環境には「隠れられるような場所」を作るのがオススメ！

つねに視界に入れなければと思いがちだけど、**2歳にもなれば子どもだってひとりになりたいときがある。**

完全な死角ではなく、低い棚を置くなどで十分。

あえて「隠れ家」を作ることで、子どもが気分転換をしやすくなり、結果落ち着く。お試しを！

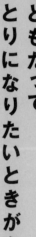

116

いつも
見てるじゃん！

「いつもと同じ」が安心。だからスムーズ

子どもは変化に敏感。

たとえば、散歩コースに
「車を見る」という習慣がある場合、

「今日は急いでるから」

といった理由で省くと大泣きする。

「いつも見てるからいいじゃん」

と大人が思うものは、子どもにとって
「いつも見てるから今日も見る」もの。

短時間でも必ず見ればスムーズに。

すぐできる度
★★☆

心と体

鼻水や
口を拭くのを
いやがる

触れるときは必ず声をかける

子どもは鼻水をたらしたり、
食後に口のまわりに
いろいろつけていることがよくある。
大人はつい無言のまま、
ティッシュなどでサッと拭きがち。
顔を拭かれるときに渋い顔をしたり、
顔をそむけたりする子どもは、
横や背後から急に拭かれた経験によって
怖いと感じている場合がある。
ひと声かけてからにすると、いやがらずに拭かせてくれるかも。

すぐできる度
★★☆

118

急に不きげん！

子どもにも計画がある。大人の計画をあらかじめ伝えよう

すぐできる度 ★★☆

大人に計画があるように、子どもにも計画がある。
「あのお洋服着る」「行く途中に電車見る」など。
口にせず頭で考えていることも多い。
なので、急に不きげんになって
泣きだした……というときは

「何かしたいことあったの？」

と聞くのも手。
あらかじめ「これから○○するよ」と
大人の計画を伝えておくと、
子どももそのつもりで動くことができるので効果的！

119

買わないよ！

「素敵だね～」と認めるだけで満足する場合もある

買い物中に子どもがお菓子を持ってきたら、
〝買う買わない〟で考えがち。
だけど、子どもは
「おいしそうだよ」「箱がかわいいね」など、
自分の大発見に共感してほしいだけのときも多い。
だからいきなり「買わないよ！」と一蹴するより
「素敵なお菓子だね～」と認めると、
それだけで満足する場合も！

すぐできる度
★★★

120

泣いて
欲しがった
お菓子なのに

お菓子そのものより プライドの問題かも

とくに2、3歳くらいの子どもは発達上、

「ママパパに負けたくない！」

という気持ちが強い。

たとえば、コンビニで「どうしても欲しい！」と泣いて
ようやく買ってもらったお菓子なのに、
お店を出たら興味なし。
これはお菓子が欲しいというよりは、
「買わないよ！」と言うママパパに負けたくないから。
悪意はないので、「美味しそうなお菓子見せて〜」
なんて優しく語りかけると◎。

すぐできる度
★★☆

121

どうして
泣いてるの？

泣くのは、うまく伝えられないから。気持ちを言葉にしてあげよう

すぐできる度
★★☆

人に背中をかいてもらうとき、
かゆいところがなかなか伝わらず、すごくもどかしい。
語彙《ごい》が少ない小さな子どもは、これに近い感覚。
自分が思っていることを
わかってほしいのに、伝える術《すべ》がない。
それがくやしくて、悲しいから、泣いて表現する。
だから、とにかく**子どもの代わりに**
気持ちを言葉にしてあげよう。
これをくり返すことによって、子どもはようやく
気持ちの言語化を学ぶことができる。あせらず伝えていこう。

122

泣きやんで！

気のすむまで泣かせてあげることも愛情

子どもが駄々をこねたりして
「イヤだー！」と泣き始めると、
大人は気分を切り替えてあげようとつい何かしたくなる。
でも、泣く時間も子どもにとっては
「自分で気持ちを切り替える練習」になっている。
時間や環境が許すのであれば、
ときには気のすむまで泣かせてあげることも愛情。
すぐに声をかけるのもいいけど、
少し様子を見てからにすることも考えてみよう。

すぐできる度 ★★★

心と体

123

もう
うそ泣き
してる？

生後3カ月は涙が出ない。それでも何かを伝えようと泣いている

生後3カ月くらいまでの赤ちゃんは
「泣いても涙が出ない」。
涙腺の機能が未発達だから起こることで、
だから「もううそ泣きしてる！」なんて思うのではなく、
涙も出ないころから一生懸命泣いて
何か伝えようとしてるんだ、
と受けとってほしい。
そのたった半年後には「くやしくて涙を流す」。
赤ちゃんはすごい。

すぐできる度
★★★

夜泣きが
たいへん!

赤ちゃんの夜泣きは ママへの思いやりの名《な》残《ご》り

すぐできる度
★★★

赤ちゃんが夜泣きする理由はいくつかあるけど、
そのなかでも

**「日中に活発だと血中酸素を奪って
ママの体に負担をかけてしまうから、
夜ママが寝ている間に頻繁に起きる**
という、お腹の中にいたときの睡眠リズムがしばらく残るため」
を知ると、夜泣きの印象が少し変わるかも。

夜泣きの対応は本当にたいへんだけど、
子どもと同じくらいママパパの体調だって大事。
無理のないようにしてください。

125

しつこい！

「遊んで遊んで」にはハグで対応

子どもがおもちゃや絵本を持ってきて
「あそぼう」「これよんで〜」と言ったとき。
しっかりとつき合っているはずなのに
満足してもらえず
「つぎこれ」「これもよんで〜」と
別のおもちゃや絵本をエンドレスに持ってくるのは、
遊びではなくスキンシップを求めている可能性がある。
ハグすれば一発解決かも。
子どもをおひざの上に乗せて遊ぶのもいい。

すぐできる度
★★★

126

質問攻めには？

子どもに関係ある答えで納得！

すぐできる度 ★★☆

子どもの「なんで？ なんで？」という
質問攻めが止まらないとき！
たとえば「なんで、よるはくらいの？」と聞かれると、
大人は「おひさまが寝たから」「月と交代なの」など、
暗くなる理由を答える。でも、
子どもが納得してくれるのは
「〇〇くんが寝られるようにだよ」といった、
自分に関係ある答えだったりする。
事実を伝えるのもいいんだけど、
子どもを巻き込む答えを意識するとスムーズになるという話。

127

あいさつしない

いやなのではなく、ちょっと恥ずかしいだけと理解しよう

すぐできる度 ★★☆

子どもたちは「あいさつが恥ずかしい」とよく言う。
どうしてか聞くと
「大人みたいだから」ともよく言う。
あいさつがいやとか言いたくないのではなく、
今までは大人がしているのを見ているだけだったから、
それを自分もすることが
背伸びしたようで
恥ずかしいということらしい。
だからモジモジするんだ。かわいいな。
もう少し成長を待ってあげてもいいかも。

コラム
from YouTube

「自分がされたらどう思う？」は効果なし！もっと響く言葉はこれ！

子どもが、お友だちをたたいてしまったり、お友だちが使っていたおもちゃをとってしまったり――そんなとき僕たち大人はよく、「自分がされたらどう思う？」とか、「相手の子は悲しいんじゃないかな？」と、気持ちを察するように促す言葉をかけることがありますが、じつはこの言葉、子どもたちには**ほぼ理解できていません。**というのも、「自分がされたらどう思うか」というような、相手の気持ちを自分に投影したり、相手の気持ちを察する能力は、脳の機能でいうととても高度なもので、4〜5歳くらいから徐々に育ち始めて、実際にこの能力を扱えるようになるのは小学校高学年とか中学生になってからと言われています。

ですので、就学前のお子さんたちに「自分がされたらどう思う？」と聞いてもちんぷんかんぷん。なかには「いやだと思う」と答える子もいますが、それは、まわりの大人たちから「お友だちはいやに決まってるでしょ!」といった言葉を聞いたことがあるから、そのまま言っているにすぎないんですね。

ではどうすればいいかというと、「自分がされたらどう思う?」ではなくて、**「ママ(パパ)がたたかれたら、どう思う?」**と聞いたほうが子どもには響きます。「ママはいやだと思う」と察するのではなくて、**大事なママがたたかれたら"自分が"いやだから**です。大人だって、家族など自分の大切な人が、誰かに殴られたりしたら自分がいやだし、腹が立ちますよね。

この、「大切な人がたたかれたら自分もいや」という感情が、「自分がされたらいやだと思う」に最も近い感情なんです。なので、こうしたときには、自分がされたらどう思うとか、相手の人はどう思うかではなくて、「ママ(パパ)がされたらどう思うかな」といった言葉をかけてください。そうすることによって、お子さんが自分のしてしまったことを理解しやすくなりますし、ゆくゆくはきちんと相手の気持ちを自分に投影して考えることもできるようになっていきます。

第10章

ママとパパに伝えたいこと

青いおしっこが出ない！

育児書どおりにできない！

子育てが苦しい

子育てでイライラする

ほかの子とくらべてしまう

わかってほしい

128

青い
おしっこが
出ない！

初めての子育て、子どもが0歳ならママパパも0歳

すぐできる度
★☆☆

乳児検診の際、

「オムツのCMのような青いおしっこが出ないんです」

と相談をするママパパがたまにいるそうで。
これ笑い話でもなんでもなく、
それだけわからないことだらけで、不安で、
子どもが大事だから心配でっていうこと。
初めての子育て、子どもが0歳ならママパパも親としては0歳。
わからなくて当然、不安で当然なので、
公的なものも含めて、まわりのサポートをどんどん受けてほしい。

129

育児書どおりにできない！

すべての育児情報は話半分でOK

すぐできる度
★★☆

子育てに絶対なんてないので、
育児本に書いてあることも、ネットに載っていることも、
テレビの情報も、もちろん僕の話も、
全て話半分くらいで聞いておいて、
うまくいったときだけ「やったー！」
と思ったほうが
気が楽だしいい方向に進みやすいですよ！
ぜーんぶ、あくまで一例に過ぎませんから。
お子さんのことをいちばんよく知っているのは、
本でもメディアでもなく、ママパパです。

130

子育てで
イライラする

ママの心が癒《いや》される超簡単セルフケア

すぐできる度
★★★

出産や育児によって人と関わることが減り
スキンシップも減ると、
誰でもイライラは増していく。
だまされたと思って

「今日もがんばったね」と自分の頭を優しくヨシヨシなでてみてください。

オキシトシンという別名「愛情・幸せホルモン」は
スキンシップで多く分泌される。
自分の手でも気持ちが少し楽になると思うので、
試してみてください。

131

子育てが苦しい

ときには子どもより自分優先だっていい

「子どものため」と
自分に言い聞かせて我慢していることは、
いずれ「子どものせいでできなかった」という
いい気持ちでないものに変化する場合が多くある。
子どもの幸せのためには、
何よりもママパパの幸せが大切。
子どものことより、
自分のことを
優先していいときだってある。
絶対に忘れないでほしい。

すぐできる度 ★★☆

132

ほかの子とくらべてしまう

"まだ"足りていない部分に気づいたら、自然にフォローしてあげよう

すぐできる度
★☆☆

「よくないと思いつつ、我が子とほかの子をくらべてしまう」
と悩むママパパは多いけど、
そもそもくらべることは悪くないし、
無意識にくらべるのは普通のこと。

"まだ"足りていない部分に気づき、それをフォローできるメリットもある。

絶対にしてはいけないことは
「○○くんはできるのにあなたはできない」と
くらべた結果を子どもに伝えてしまうこと。
気がついた足りない部分は、あくまで自然にフォローしよう。

133

子どもと
遊ぶ
時間がない

一緒に着替えるだけでも子どもにとっては遊びになる

すぐできる度
★★☆

パパたちから
「なかなか子どもと遊ぶ時間がもてない」
「仕事から帰ると子どもがもう寝ている」
と相談されることがあるんですが、
ぜひ朝にその時間をもってみてください。
散歩もいいですし、絵本を1冊読むでもいい。
それも難しければ、
一緒に着替えるなんていう簡単なことでも
子どもはうれしいものです。
ぜひ朝の3分から始めてみてください！

134

わかって
ほしい

ママの愚痴や悩み。欲しいのは「回答」より「共感」

ママが育児の悩み事について話したとき、まわりの人は「こうすれば？」とアドバイスすることが多いんだけど、まずは「うーん……どうしようか」と悩み事を受け止めて共感すること。これがいちばん大事。欲しいのは回答ではなく、共感である場合が多い。**まわりの人がネットで調べた回答は、ママは検索済みの場合がほとんど。**まずは共感することから始めよう。

すぐできる度
★☆☆

135

話を聞いて!

ママの話はどんな話でも全部聞こう

すぐできる度 ★☆☆

育児がママだけの担当になってしまっている場合、
1日のなかでママの話し相手は
ほとんど子どもになる。
子どもがある程度の年齢になるまでは
当然会話にもならない。
そこでさらにパパやまわりの人まで話を聞いてくれないとなると
気が滅入ってしまう。

だから、約束！ ママの話は
どんなことでもきちんと聞こう！

愛情不足の親なんかいない！ その日にできる限り精一杯やったら、それは〝その日の100点〟なんですよ

本書を手にしていただき、ありがとうございました。

最後に、皆さんにどうしてもお伝えしたいことがあります。

それは、「愛情不足の親なんかいない！」っていうことです。

もちろんニュースで話題になるような極端な例はのぞきますが、愛情不足の親なんか、絶っっ対に！！！！いないんです。

なぜそれを言いたいかというと、お友だちにかみついちゃったとか、ひっかいちゃいましたとか、いわゆる「問題行動」と呼ばれる行為をお子さんがしてしまうときがありますよね？　そんなとき、まわりから「それは愛情不足が原因だよ」と言われたり、もしくは、子育て本を読んで「私、愛情不足だったか

も」と思って、悩んでしまったりする方がいます。

でも僕は、「そんなわけないでしょ！」ってことを強く言いたいんです。

だって皆さん、一生懸命やってるじゃないですか。

家事もあったり仕事もあったり、そのほかにもいろんなことがあるなかで、ご自身のしたいことも我慢しながら、子育てされていますよね。

その状況を「愛情不足」なんて言われたって、じゃあそれ以上どうすればいいの？「やりたいことぜーんぶやめて、子どもに24時間365日つきっきりでいるしかないんですか？」ってことになっちゃうじゃないですか。

あなたがどんな思いで毎日生活して、子育てしているのかをなーんにも知らない人に「愛情不足」なんて言われたとしても、そんなのまったく気にする必要がないんですよ。

そもそも親御さんたちって神様じゃなくて人間です。

気持ちの浮き沈みがあったり、今日は体調が悪いとか、今日は仕事がうまくいった、今日はダメだったとか、いろんな要因がありながら、その日を一生懸命生きてるわけです。そういうなかで、たとえば今日はお子さんに対して感情的に叱っちゃったというようなことがあるかもしれません。そのとき、「今日は20点だったな」「また感情的に叱っちゃった。本当にダメな親だな」って考える人もいるんですけど、それは20点なんじゃなくて、**"その日の100点"**なんですよ。

伝わりますか？　さっきも言ったように、親御さんはいろんなことがありますから、その日にできる限りの精一杯、というものがあります。だからその20点は、その日の100点なんです。20点なんじゃなくて、**その日一生懸命やったんだから、それはその日の100点**なんですよ。

僕のYouTube動画だったり、Twitterには、必ずと言っていいほど、「私の愛情不足によって息子がこんな問題行動を起こすようになってしまいました」とか、「うちの子はもう年長さん、小学生なんですけど、今から愛情をかけても間に合わないですかね？　てぃ先生」みたいな投稿が毎回あります。でも、そんなの気にしなくていいんです。

だってそもそも、こういう本、あるいは僕の動画やツイートを見て、「こうやったら子どもが喜ぶんだな」とか、「こういう言い方をすればいいんだな」とか、そんなことを知って学ぼうとしている時点で、どこが愛情不足なんですか⁉

もう皆さんすでに素晴らしい母親だし、素晴らしい父親じゃないですか。

だからもう、ダメな親とか、愛情不足とか、そんなのいっさい気にしないで、「私は家事もやっていて、ほかにもいろんなことをがんばっていて、そのなかで子育てをして、素晴らしい親だな！」って、堂々と、めいっぱい自分をほめて、自信をもって、毎日お子さんと笑顔で過ごしてほしいなと心から思います。そんなママパパだったら、子どももうれしいと思いますよ。

これが、最後に僕がどうしても伝えたかったことです。

ありがとうございました。

てぃ先生でした！

［著者］
てぃ先生（てぃーせんせい）
関東の保育園に勤める男性保育士。
保育士として勤務するかたわら、その専門性を活かし、子育ての楽しさや子どもへの向き合い方などをメディアなどで発信。全国での講演は年間50回以上。
他園で保育内容へのアドバイスを行う「顧問保育士」など、保育士の活躍分野を広げる取り組みにも積極的に参加している。
ちょっと笑えて、かわいらしい子どもの日常についてのつぶやきが好評を博し、X（旧Twitter）フォロワー数は60万人を超える。子育てのハウツーを発信しているYouTubeも大人気。
著書は『子どもが伸びるスゴ技大全　カリスマ保育士てぃ先生の子育て〇×図鑑』『子どもにもっと伝わるスゴ技大全　カリスマ保育士てぃ先生の子育てのみんなの悩み、お助け中！』（ともにダイヤモンド社）、『ほぉ…、ここがちきゅうのほいくえんか。』（ベストセラーズ）、コミックほか多数。

子どもに伝わるスゴ技大全
カリスマ保育士てぃ先生の
子育てで困ったら、これやってみ！

2020年11月４日　第１刷発行
2024年10月28日　第14刷発行

著　者――てぃ先生
発行所――ダイヤモンド社
〒150-8409　東京都渋谷区神宮前6-12-17
https://www.diamond.co.jp/
電話／03･5778･7233（編集）　03･5778･7240（販売）

装幀――――上坊菜々子
イラスト――後藤グミ
撮影――――赤石仁
ＤＴＰ―――道倉健二郎（Office STRADA）
校正――――星野由香里
製作進行――ダイヤモンド・グラフィック社
印刷・製本―三松堂
編集協力――小嶋優子
編集担当――中村直子

ISBN 978-4-478-11149-9